4·16구술증언록 단원고 2학년 9반 제8권

그날을 말하다

윤희 아빠 진광영

4·16구술증언록 단원고 2학년 9반 제8권

그날을 말하다

윤희 아빠 진광영

4·16기억저장소 기획 편집
(사) 4·16세월호참사가족협의회 지원 협조

일러두기

1. 음절로 식별 가능한 소리를 들리는 대로 전사하는 것을 원칙으로 한다.

2. 의미를 파악하기 위해 추가 설명이 필요할 경우 [ ]로 표시한다.

3. 몸짓, 어조 등 비언어적 행위는 ( )로 표시한다.

4. 구술자가 말을 잇지 못해 말줄임표를 사용하는 경우 ……, …로 길고 짧음을 표시한다.

5. 비공개 영역은 〈비공개〉로 표시한다.

6. 비공개해야 하는 희생자 형제자매의 이름은 ○○, △△ 등의 도형기호로, 생존자의 이름은 A, B, C 등 알파벳 대문자로 표시한다.

7. 비공개해야 하는 제3자는 직분이나 소속, 성만 공개하고, 이름은 ××로 표시한다. 비공개해야 하는 숫자는 자릿수에 상관없이 □로 표시하며, 지명은 □□로 표시한다.

책머리에

4·16기억저장소에서는 세월호 참사 5주기를 맞아 구술증언 수집 사업의 결과물 일부를 100권의 책으로 발간하게 되었습니다. 이 사업은 2015년 6월부터 다양한 학문 분야 구술 연구자들의 자발적인 참여로 진행되어 왔으며, 세월호 참사를 좀 더 정확하고 다각적으로 기록하고 기억하고자 하는 노력의 일환으로 수행되었습니다.

2014년 참사 발생 이후, 참사 피해자들의 목격담과 경험은 안타깝게도 공식적인 국가기관과 언론의 기록 속에서 철저히 소외되거나 왜곡되었습니다. 그것은 세월호 참사가 우리에게 안긴 죽음과 고통의 충격만큼이나 우리 사회의 끔찍한 비극이었습니다. 따라서 사업을 진행하면서 세월호 참사 희생자 가족, 생존자, 생존자 가족, 어민, 잠수사, 활동가, 기자 등등, 참사의 초기 과정을 직접 경험한 분들의 증언을 우선적으로 수집했습니다. 구술자는 이 사업의 취

지와 방식에 개인적으로 동의한 분 중에서 선정했으며, 참여 과정
에 어떠한 금전적 보상이나 이익이 제공되지 않았습니다. 또한 구
술증언 수집 사업을 진행하는 동안, 면담자는 연구자이자 참사를
겪은 공동체 시민으로서 최대한 윤리적이고자 노력했습니다.

구술자마다 매회 약 2시간씩 3회를 원칙으로 음성 녹취와 영상
촬영을 하는 방식으로 진행되었고, 증언의 일관성을 확보하기 위
해 면담자는 큰 틀에서 공통 질문지를 사용했습니다. 공통 질문지
의 내용은 참사와 구술자 간의 관계성에 따라 차이가 있지만, 유가
족 구술의 경우 1회차 '참사 이전의 삶, 팽목항과 진도에서의 경험,
자녀에 대한 기억'을, 2회차 '참사 이후 투쟁과 공동체 활동 경험'을,
3회차 '참사 이후 개인 및 가족이 경험한 삶의 변화와 깨달음, 자녀
의 현재적 의미'를 중심으로 했습니다. 이처럼 증언 내용은 참사 이
전에서 시작해 참사 발생 당시의 경험과 이후의 변화 과정까지 폭
넓게 수집했고, 면담자는 구술 채록 과정에서 구술자의 발화를 최
대한 존중하고자 했으며, 무엇보다 각자의 특수한 경험과 다른 시
각을 충실히 반영하고자 했습니다.

이 구술증언록의 발간을 위해, 채록된 음성 자료는 문서로 변
환해 구술자와 함께 검토했고, 현재 시점에서 공개할 수 있는 영역
과 할 수 없는 영역으로 구별했습니다. 따라서 책에 실린 내용은
모두 구술자로부터 공개를 허락받은 부분입니다. 비공개 영역은
추후 구술자의 동의를 받아 적절한 절차를 거쳐 추가로 공개될 수
있으리라 생각합니다.

이 구술증언록 100권에는 그동안 우리 사회에 왜곡되어 알려지 거나 잘 알려지지 않았던, 참사 발생 직후 팽목항과 진도 혹은 바다에서의 초기 상황에 관한 중요한 증언이 포함되어 있습니다. 또한, 자녀를 잃는 잔인하고 애통한 상황을 겪으면서도 그 누구보다 강인한 정치적 주체로 성장할 수밖에 없었던 유가족의 마음과 경험을 구체적으로, 그리고 여러 각도에서 살펴볼 수 있습니다. 그 외에도, 이 구술증언록은 2014년을 전후한 한국 사회의 여러 측면을 드러내는 귀중한 자료가 되리라고 생각합니다. 무엇보다 국내외의 많은 분이 이 책을 읽어, 장차 세월호 참사의 진상 규명과 역사 서술에 기여할 수 있기를 바랍니다.

구술증언 수집 사업이 진행되고, 책으로 출간되기까지 많은 분의 도움과 지지가 있었습니다. 이 지면을 빌려 부족하나마 감사의 말씀을 전하고자 합니다.

먼저 (사)4·16세월호참사가족협의회와 4·16기억저장소에 감사를 드립니다. 이분들의 신뢰와 적극적인 협조가 없었다면, 이 사업은 처음부터 시작할 수조차 없었을 것입니다. 또한 어려운 정치 환경 속에서도 사업의 취지에 공감해 재정 지원을 결정해 준 아름다운가게와 역사문제연구소에 감사드립니다. 두 단체 덕분에, 이 사업을 4년 동안 계속해 올 수 있었습니다. 그리고 구술증언록 100권의 발간에 동의하고, 바쁜 일정에도 출판 실무를 기꺼이 맡아주신 한울엠플러스(주)에도 감사를 드립니다. 이 외에도 많은 개인과 단체가 직간접적으로 많은 도움을 주시고 격려해 주셨습니다. 여기에 모두 밝히지 못하는 것을 죄송하게 생각합니다.

　말할 필요도 없이, 가장 크고 또 가슴 아픈 감사는 구술자 한 분한 분께 드리고자 합니다. 이 책이 발간될 수 있었던 것은, 무엇보다 용기를 내어 아픔과 고통의 기억을 다시 떠올리고 장시간 진심으로 이야기를 해주신 구술자가 있었기 때문입니다. 오랜 시간 이야기를 나누며 함께 공감하기도 했지만, 그 아픔과 고통을 어떻게 가늠할 수 있을까 싶습니다. 더 큰 도움이 되지 못함을 안타까워하며, 이 구술증언록 100권의 발간이 피해자분들에게 조금이라도 위로가 될 수 있기를 기원합니다.

2019년 4월
4·16기억저장소 구술팀 책임자
서울대학교 인류학과 교수 이현정

차례

■ 2회차 ■

윤희 아빠 진광영

구술자 진광영은 단원고 2학년 9반 고 진윤희의 아빠다. 차분하고 믿음직했던 맏딸 윤희가 하늘로 간 이후 아빠는 윤희와의 추억들을 떠올리며 하루하루를 버티고 산다. 회사 복귀 이후에도 휴가를 내서 동거차도 감시초소에 네 번이나 다녀올 정도로 아빠는 유가족들의 활동에 적극적이며, 함께 나누고 살아가는 세상, 생명을 귀히 여기는 세상을 만들어가는 것 이야말로 윤희에게 부끄럽지 않은 부모가 되는 길이라 믿는다.

진광영의 구술 면담은 2019년 3월 30일, 4월 1일, 2회에 걸쳐 총 7시간 10분 동안 진행되었다. 면담자는 김세림, 촬영자는 강재성이었다.

구술자 본인의 프라이버시나 제3자의 프라이버시를 보호해야 할 부분을 제외하고는 구술자의 발화를 있는 그대로 전사했다.

1회차

2019년 3월 30일

1
시작 인사말

　　　본 구술증언은 4·16 사건에 대한 참여자들의 경험과 기억을 기록으로 남김으로써 이후 진상 규명 및 역사 기술에 기여하고자 합니다. 지금부터 진광영 씨의 증언을 시작하겠습니다. 오늘은 2019년 3월 30일이며, 장소는 안산시 단원구 4·16기억교실 3층 교육실입니다. 면담자는 김세림이며, 촬영자는 강재성입니다.

2
윤희 엄마와의 만남과 결혼 과정

면담자　　　구술에 응해주셔서 감사드립니다. (윤희 아빠 : 늦었죠, 많이?) 아닙니다. 섭외 과정에서 혜선 아버님한테 연락을 받아 참여하게 됐다고 말씀해 주셨는데, 전화를 받으셨을 때 '구술을 해야겠다'라고 마음먹게 되신 계기가 있을까요?

윤희 아빠　　　사실상 그런 생각은 없었어요. 전혀 그런 생각 자체는 없었고, 똑같은 얘기를 나뿐만 아니라 여러 사람들이 반복을 했을 거 같아서 하고 싶은 생각 사실상 없었는데, 그래도 집사람이 옛날에 한 번 했고, 이슈가 있으니까, 혹시 내가 뭐 크게 한 것도 없지만은 그래도 또 내 얘기가 틀릴 수 있지 않냐 생각해서, 그냥 그래… 내가 지금 놀고 있고 그러니까 시간 있을 때, 이것도 않고 죽으면은 좀 억울할 거 같아서 그래서 [구술하려고] 생각을 했어요.

면담자　　　하고 싶으신 말씀 오늘 최대한 남겨서 사회에 알리겠습니다. 1차 구술에서는 아이의 출생과 성장과정에서의 아버님 경험을 여쭤보는데요. 아버님은 원래 고향이 전북이라고 하셨죠?

윤희 아빠　　　원래 고향은 전북 고창이고요. 학교는 군산에서 다녔어요, 학교는 군산에서 다녀가지고…. 서울에 친척들이 많이 있어가지고, 서울에서 생활을 하다가 다시 시골에 내려갔다가 또 올라와가지고 직장생활을 친척을 통해서 서울에서 시작을 했어요. 서울에서 시작을 했는데 그 회사가 이쪽으로 내려오게 됐다고요. 그래 가지고 [19]88년 말에 넘어왔어요, 내가 [안산] 여기를. (면담자 : 온 지 오래되셨네요?) 오래됐죠. 제2의 고향이 됐어요, 여기가. [19]88년 말에 와가지고, 1차 선발대로 와서 이제 공장에, 그때는 공단에도 그렇게 공장이 많이 없었으니까 준비하고 하는 과정에…. 그러면서 뭐… 직장에 들어왔으니까 열심히 해야 되는 건 사실이고.

　　그 전에는 제가 속을 좀 많이 썩였어요, 장남이지만. (면담자 : 부모님 속을 썩이셨다고?) 네. 장남인데, 3남 3녀인데 위로 누나 둘은 11살, 9살에 죽고…, 내가 장남인데 (한숨 쉬며) 30, 31살까지 속 썩인 거 같아. 남들 안 가는 유치장도 가고 이것저것… 속을 많이 썩였어요. 그러고 난 뒤에 그때부터 직장생활 시작해 가지고, 우신시스템이라는 회사가 이쪽으로 이사 오면서 넘어왔으니까. 그 회사가 좀 잘나가는 회사예요, 우리 계통에서는. 우리 계통에서는 가장 잘나가는 회사고, 거기 다니면서 한 5년 다니다가 나와가지고….

저는 96년경에 친구가 이제 소개를 해가지고 집사람을 만났어요. (면담자 : 소개받으신 거예요?) 네. 친구 와이프가 소개를 해가지고, 그래서…. 전혀 결혼 생각 자체도 없었는데, 나이도 늦었고 그래 가지고 몇 번 만나기로 [했지요]. 집사람이 부천에 있었는데, 몇 번 만나기로 했었는데, 제가 또 술을 좋아하다 보니까 안 갔어요, 솔직히 결혼하고 싶은 생각 자체가 없어서. 한 번 딱 가서 만났는데, 그때서 이제 한 번 만났는데, 이제 크게 뭐 '빨리 가서 얼른 밥이나 한 끼 먹고 빨리 가야지' 생각을 했는데, 이제 제가 그때 차도, 차는 없었고, 그래 내가 우리 이 과장을 데리고 갔다고. 이 과장 차 옛날 진짜 로얄살롱 그 옛날 건데, 에어컨도 안 되고 그 여름에 타고 지나가면은 바람 부니까 시원해요. 부천 가서 만났는데 안 나와, 한 30분 늦게 나온 거 같아. 왜냐면 그 전에 내가 좀 많이 바람을 맞혀가지고 화가 났던 거 같아.

그래 가지고 좀 나는 이제 '가자 빨리. 뭐 안 오는데 있으면 뭐 하냐? 나 결혼하고 싶은 생각도 없는데' 그랬더니 한 조금 기다리[라고 해서] 3, 40분 기다리니까 오더라고. 그래서 앉아서 커피 한잔 먹으면서 어쭤봤더니 똑같은 얘기를 하더라고요, "지난번에 나를 이렇게 해가지고 나도 좀 늦게 왔다". 할 얘기 뭐 있어요, 그냥 "밥이나 먹으러 갑시다" 하고 나왔어. 이 과장 전화했더니 그래도 차 세차하고 있다고 그러더라고요. 세차해 가지고 차를 끌고 왔는데, 에어컨도 안 되는 차 타고 "이디로 갈까, 가까운 네서 밥 먹자" 그랬더니 대천해수욕장까지 간 거예요. 대천까지 가가지고, 대천에서 이제 멀리 갔으니까 더 이상, 애가 운전을 해야 올 거 아니에요. 그러다 보니까

앉아서 차분히 이야기를 하다 보니까 조금씩 맘에 좀 약간 필링
[feeling, 느낌]이 오더라고요 약간. '한 번 더 만나봐야지' 하고 올라와
가지고, 부천까지 태워다 주고 우리는 안산으로 오고.

그리고 난 뒤에 이제 전화 연락해서, 왔다 갔다 하면서 점차 알
게 됐는데, 그래 가지고 서로 마음에 들고 그러니까…. 가장 결정적
인 계기가 우리 직원 애기 돌이었는데, 가가지고 이렇게 직원들 다
모여서 집에서 집들이하고 있는데, 갓난애가 막 우는데 여자 직원들
도 있었고 또 부부가 온 사람도 있었는데도 한 사람도 달래는 걸 못
봤는데, 가서 달래더라고. 거기에 이제 뻑 간 거지. 그때부터 인생이
쫑 난 거예요. 그래 가지고, 늦게 결혼했어요, 혼전에 임신을 해서.
서른여섯에 결혼을 해가지고, 97년 2월 16일 날 결혼을 했는데 우리
윤희가 10월 24일 날 태어났지.

3
결혼생활과 아이들의 유년기

면담자　　　한 1년 정도 연애하고 결혼하신 거네요?

윤희 아빠　　　연애 반, 중매 반. 서로 이제 어디 갈 데 없으니까 급
하니까 몰아붙인 거예요. 그리고 결혼해 가지고 이제 직장생활 계속
하고, 집사람도 육아하고. 저희는 그렇게 뭐 풍족하게 살진 않았지
만 그렇다고 애들한테 잘해준 것도 없는 거 같아요, 지금 생각해 보
면은. 그런데 내가 그…, 아이 아빠로서 참 딸들한테 잘해야 되는데,

그게 잘할 때는, 내가 생각할 때는 잘하는 게 90프로가 그러면 10프로 정도는 화도 냈던 거 같고. 그냥 무난한 가정이었어, 무난한, 내가 봤을 때는, 내 생각만[으로는] 애들 생각은 모르겠지만. 항상 아빠로서 딸들이니까 걱정도 되지만은, 제일 행복할 때가 자고 있을 때 뽀뽀하고 나갈 때, 볼에다 막 비비고 나갈 때 그때가 제일 행복했던 거 같아요.

면담자   애기들 자고 있을 때요?

윤희 아빠   그러고 난 뒤에 이제 뭐 큰 문제는 없었어요, 저희 뭐, 애들 뭐. 또 엄마가 또 이렇게 자연분만을 해가지고 둘 다, 큰놈, 작은놈 다. 그리고 모유를 먹여서 그런지 애들이 굉장히 튼튼하더라고. 크게 뭐 이렇게 다치고 그런 적은 없어요. 근데 한번은 이제 그때 큰 딸내미한테 미안했던 게 뭐냐 하면, 피자를 시켰는데 그때 이상하게 근데 콜라가 같이 따라왔는데 플라스틱 잔이 없어 가지고 유리잔에 따라났는데, 우리 윤희가 가서 이렇게 탁 해가지고 깨졌다고. 그래서 손가락이 이렇게 오른쪽, 오른쪽 여기가 쫙 이렇게 갈라져 있는데, 그걸 데리고 가서 한도병원에 가서 꿰매는데···. (면담자 : 몇 살 때인가요?) 그게··· 우리 윤희가 4살인가, 5살 정확하게 모르겠네요. 그래 가지고 그때 그렇게 한번 이렇게 하고 난 뒤로는 나중에 초등학교 때인가 중학교 때인가 손을, 손가락이 굽으니까 다시 성형수술을 해가지고 펴줬다고. 그 외에는 크게 그렇게 뭐 다치거나 한 적은 없는 거 같아요. 그리고 원체 또 착해 가지고 그냥 지가 학교 갈 때 되면 일어나서 학교 가고, 지가 공부하고 싶으면 공부하고, 그냥 뭐라 그럴까? 뭐라고 뭐 얘기를 할 수 있는 그거는 아니었어요.

면담자   그럼 어머님은 결혼 전에 부천에 계셨던 건가요?

윤희 아빠   원래 청주에서 직장생활 하다가, 청주에 있다가 이제 [아내] 언니 집이 부천에 있으니까, 오산에도 있고 그러니까 언니 집에 왔다가 우리 친구 와이프가 본 거지. 우리 친구 와이프가 또 연상인데, 우리 처형하고 동갑이니까, 친구는 나하고 이제 친구고. 그러다 보니까 봐가지고 "우리 친구가 하나 이렇게 직장생활 하는데, 장가고 못 가고 있는데 애는 괜찮아" 해가지고 그렇게 해서 둘이 만나게 된 거예요.

면담자   아기가 생겼다고 했을 때 아버님도 놀라셨겠어요.

윤희 아빠   아니요, 놀랄 건 없었어요. 일을 저질렀으면 당연히 생겨야 되는 거고, 나이도 늦었고 솔직히 빨리 갖고 싶은 생각도 있었고…. 장남인데 내가 이제 딸이라고 해가지고 뭐, 딸을 낳고 싶었으니까. (면담자 : 딸을 갖고 싶으셨어요?) 어머니, 아버지는 이제 딸을 낳으니까 처다보지도 않으시더라고. 둘째 또… 마음 같아서는 둘째, 셋째 갖고 싶었는데 집사람도 좀 노산이고 그래 가지고. 둘째도 딸, 그때도 나는 아쉽고 그렇다는 건 없었어요. '나는 복받은 사람이다' 왜냐면은 딸들은 아빠 좋아하잖아요? 그래서 내가, 할아버지, 할머니가 좀 실망을 많이 했지. 왜냐면은 그래도 아무래도 장남한테 장손이 나와야 되는데…. 제가 아버지, 어머니한테 그런 얘기 많이 했어요. 돌아가시면 내가 제사상 올리면, "나까지만 제사상 차려드리면 끝나는 거니까 나도 애들한테 나 제사상 안 받을 거예요". 나는 생각 자체가 처음부터 그런 생각을 많이 했어요, 아버지 장례식도 마찬가지고. 그런 쪽으로 많이, 그래 가지고 설득을 많이 했죠, "아버지, 어머니 계실 때까지만 내가 잘할게" [하고]. 많이 서운했을 거예요.

그래도 이제 애들 크고 가니까 이뻐하지. 미운 4살이라고 그러잖아요. 근데 어렸을 때는 다 이뻐요. 밉든 곱든 간에 다 이쁜데…, 작은놈은 활발했고 큰놈은 참 얌전했고, 큰놈은 엄마 닮았고 둘째는 아빠 빼다박았어요. 참 엄마가 차분하고 말도 조곤조곤하고 남의 얘기 다 듣고, 둘째는 이제 아빠 닮아서 좀 앞에 나서고 이렇게 막 활달하고 앞에 나서고. 굉장히 좀 리더적으로 가야 되고, 막 추진력으로 밀어붙여야 되고, 확 사람을 끌어당겨야 되고 이런 쪽이에요. 돈 쓰는 것도 빼다 닮았어요. 1000원 주면 1000원 가지고 뭐 다 쓰고, 그것도 혼자 먹는 게 아니라 문구점 가면 불량 과자 많잖아요, 가가지고 딱 사주고. 똑같아요, 제가 하는 거하고. 그래서 좀 '야, 역시 이게 유전이라는 게 참 무섭긴 무섭구나. 닮는구나' [싶었죠].

참 어느 하나, 초등학교 때도 그랬고 중학교 때까지도 참 너무 착했어요. 둘째는 깨워야 되지만 우리 큰놈은 깨운 적이 없어요, 다 그 전에 일어나서 지가 씻고, 다. 그리고 친구하고 딱 만나기, 보통 여자들은 친구들하고 만나잖아요. 만나서 학교로 가잖아. 그면 딱 그 시간 되면 가, 걸어서. "아빠가 태워다 줄게" [해도] 한 번도 태워서 간 적은 없고. 좀 무슨 준비물 하다가 늦었다고 그랬을 때는 내가 친구하고 같이 태워다 주지, 가끔 이렇게, 어차피 저도 출근하는 길이기 때문에. 거의, 태워다 준 적은 거의 없는 거 같아요, 항상 걸어 다니고 항상 지가 걸어서 오고. 또 학교 가도 뭐 그냥 있는 듯 없는 듯 좀 조용했죠, 성격 자체가 차분했으니까. 그랬고, 물어볼 거 있으면 꼭 물어보고, 왜 그랬냐고 따지기도 하고….

면담자   아까 미운 4살이라고 말씀하셨는데, 그때는 사고도 치잖아요?

윤희 아빠   큰 사고라기 하기도 그렇…, 큰 사고라고 할 건 없는데 그냥 사람들 보면 좀 미운 짓거리하는 거 있잖아요, 일부러, 그런 정도? 그렇게까지는 안 한 거 같아, 내가 봐도. 그렇게 뭐 특별나게 해준 기억 자체가 없죠. 애들 데리고 어디 한번 놀러를 같이 가야 되는데 그런 기억 자체가 내가 좀…. 왜냐면은 저도 자라나는 과정에서 내가 오빠로서, 형으로서 동생들 데리고 놀러 가본 적이 없어요, 한 번도. 놀러 가면 우리 집도 아버지, 어머니가 고생해서 가지고 그 어려운 집안에서 살았지만…, 어려운 집안에 살았어도 나도 그렇게 막 불행하다 느껴본 적은 없었으니까. 동생들하고 같이 놀러 간 적도 없는데 똑같은 거 같아. 애들 데리고 가까운 데는 놀러는 가죠, 이제. 놀러는 가는, 시간 되면 놀러는 가는데….

　　보통 사람들이 그러잖아요, 나도 그거를 그렇게 했지만 '왜 일요일만 되면 마트를 데리고 가지 애들을?' [하고 생각은 했죠]. 물론 일주일 먹을 거를 사야 돼요. 사야 되는데, 부자가 아니니까 서민들은 갈 수밖에 없어요. 서민들은 식료품비에 많이 지출을 할 수밖에 없어, 의식주 중에 가장 지출을 많이 해야 될 데가 거기니까. 그러면 애들도 가는 거 좋아하다 보니까 이게 습관이 되어가지고 가게 되는 거예요, 자꾸. 집사람은 자꾸 이제 "이건 아니다" 얘기는 하는데, 나도 나중에는, 나중에는 안 데리고⋯. 중학교 정도 들어가면 안 따라오니까, 초등학교 때 정도지.

그래도 이제 좀 데리고 놀러 다닌다고 다닌 게 가까운 근교라든가, 뭐 처갓집 보은이니까 충북 보은이라든가, 할아버지 집이 고창이니까 고창이라든가, 가면은 선운사도 있고 다 있으니까 애들 데리고 한 번씩 가고⋯. 애들 데리고 처음 꽃지해수욕장, 처음⋯ 딱 한 번 해수욕장 구경시켜 준 게 그때 꽃지[해수욕장] 거기 근처에 휴양림. 그 방 하나 얻어가지고, 먹을 것도 없이 그냥 방만 얻어가지고, 그냥 그래도 애들이 좋아하더라고.

면담자　　　그때가 윤희 몇 살쯤이었나요?

윤희 아빠　　(한숨 쉬며) 그때가, 중학교 때부터 안 따라왔는데 아마 6학년 정도? 5, 6학년 됐을 때일 거예요.

면담자　　　아이들하고 같이 다니신 건 애들이 학교 때문에 바빠지기 전이네요.

윤희 아빠　　그렇죠, 초등학교 때까지예요. 원래는 중학교 다니면 안 따라다녀요, 집안에 큰일 있을 때는 따라다니지. 그 외에는 그런 게 거의 없어지는 것 같더라고, 자기들끼리 놀러 다니지. 그러면 자기들끼리 어디 간다 그러면은 나는 보내줘요, 철저하게. '가지 마' 이게 아니고 "가봐. 가서 해봐. 그 대신 핸드폰 켜놓고 꼭 연락하고". 이 참사 일어나기 전에도, 자기 친구들끼리도 화랑유원지 오토캠핑장에서, 이렇게 보면은 뭐 예지부터 해가지고 막 민경이, 애들 막 한 대여섯 명이서 캠핑을 한다 그래 가지고, 예지 아빠가 텐트를 쳐줬어. 새벽 5시가 되니까 전화가 왔어. "아빠 빨리 와", "왜?" 모기 물어서 잠을 못 잤대. 빨리 데리러 오래. 가니까 텐트 다 걷고 있대. 알았다고, 가도 또 애들 같이 갈 방향 있으면 애들 태워다 주고. 항상 친구들이 있으면은, 애들 어디 가서 뭐든지 하면은 꼭 같이, 야자 같은 거 끝나면 10시 정도 끝나니까 항상 태워가지고 같이 이렇게….

가끔 1반에, 1반에 지금 [가족협의회] 사무국장 보는 수진이 아빠 종기, 종기가 딸이 셋인데 종기 딸내미가, 선부동[이] 집이어서 좀 멀어. 그러면 내가 태우면은 항상 애들부터 먼저 태워다 주고 딸을 데리고 오고. 딸을 키우는 부모 입장이니까, 친구들 태우면은 항상 그 친구들 다 데려다주고 집에 데리고 오고. 어떻게 보면은 윤희는 아빠가 좀 무섭긴 했어도, 지가 잘못해서 그런 게 아니라 둘째가 잘못해서 도매금으로 같이 혼나는 거니까. 그러다 보니까 애들은 또 여자애들은 문을 많이 잠그잖아요. 진짜 화가 나가지고 문고리를 뚫어낸 적도 있으니까. 근데 그게 애들한테 트라우마로 남더라고…. 그렇게까지 속 썩인 건 없어요, 내가 못해준 거뿐이지.

4
직장생활에 대해

면담자　　　아버님은 공장에서 어떤 일을 주로 하셨나요?

윤희 아빠　　저는 자동차 계통에서 일을 했는데요, 저희는 자동차 계통 중에서도 차체 쪽에 일을 했어요, 차체. 차체 쪽에 일을 했는데, 차체라는 거는 자동차 껍데기, 바디예요, 바디. 그거를 잘 만들어야 컨베이어를 타고 작업자들이 계속 갖다 조립을 해서 차가 나가는 거예요. 저희는 차체 자동화 쪽이라 그러는데, 그쪽에 와서 일을 좀 오래 했죠. 솔직히 기계공고 나와가지고, 나오면 취직이 되는 줄 알았어요. 근데 저는 학교도 나하고 안 맞았나 봐, 자꾸 사고만 치고. 그러다 보니까 자격증도 못 딴 채로 그냥 3학년 담임선생님 덕분에 졸업만 했어요. 원래는 꿈이 이제 직업군인, 뭐 이런 거 하고 싶었는데 그때 당시에 팔뚝에다 그림도 그리고 하다 보니까 직업군인도 못 하고. 서울에 와가지고 이제, 서울에 와가지고 유흥 쪽에만 좀 있었지. 한 5년 그쪽에 있다가 '이건 아니다' 싶어 가지고, '그래도 공고 나왔으니까 해보자' 해가지고 들어간 게 우신시스템 회사를 들어가게 돼가지고, 이 계통에 들어선 거예요.

면담자　　80년대면 시국이 워낙에 혼란스러운 때라서 (윤희 아빠 : 그렇죠) 군인이 되는 것도 약간 고민되긴 하셨겠어요.

윤희 아빠　　저는 고등학교 다닐 때 도망 다녔어요, 삼청교육대 때문에. 학교도 거의 안 간 거 같아요. 그때가 팔뚝에 그림만 있고, 학교에서 사고 치면은 무조건 때려 넣었으니까, 갖다가. 거의 뭐 옥구나 장항 이쪽에 도망 다니며 친구네 집에서 지내고 그랬었던 기억이 많아요. 학교에 대한 기억은 잘, 사실상 공고에 대한 기억은 별로 없어요. 초등학교, 중학교 때까지도 축구선수하고 그래 가지고, 고등학교 가면서 이제 먹고살아야 되니까, 고등학교 가면서, 가다 보니까 이게 나는 기름쟁이가 되리라고는 생각지도 못했지. 근데 결국에는 축구 접어버리고, 계속하라는 축구를 접어버리고 "나 안 된다. 나는 공고 간다" 해가지고. 공고 가면은 바로, 우리 집이 조금 그렇게 잘사는 집이 아니었기 때문에, 가면은 '돈 좀 벌 수 있겠지' 생각을 했기 때문에….

근데 갔는데 적응이 좀 안 됐어. 진작에 때려치우고, 2학년 때 때려치우고 서울로 올라오려고, 보따리 싸가지고 세 놈이서 도망가다가 선생님한테 걸려가지고 또 다시 학교로 들어가고 그랬었는데…. 그때가 인생의 전환점이었던 거 같아. 차라리 좀… 아쉬운 것도 있어요. 직업군인을 할 수 있었어요, 따지고 보면은. 근데 그게 이제 또 기름쟁이야, 전부 다 기술 하사관들. 나는 그게 싫었거든. 뭐 비행기 타고 뛰어내리고 이런 거 하고 싶었는데 나하고 안 맞았어. 그래 가지고 접어버리고 나왔는데, 남들은 다 장학금 받아가지고 가던데, [나] 안 맞더라고. 결국에 나와서는 이제 유흥가 쪽에 돌 수밖에 없었고, 돌 수밖에 없었고. 그것도 한 5, 6년 방황하다가 '이건 아니다' 싶어서 직장 다시 잡은 거예요. 그러면서 이제, 집사람 만난 거는 후회는 안 해요, 우리 집사람 같은 사람 없으니까.

면담자   되게 파란만장한 삶을 사시다가 결혼하면서 정착하셨네요.

윤희 아빠   파란만장은 아니고요, 그냥 적당한, 누구나 겪을 수 있는 삶인데 조금 삐딱하게 나간 삶도 살아봤고. 그러다 보니까 이제 집사람 만나서 좀 정신 차린 거지. 결혼하기 전에 돈 벌어놓은 게 없었어요. 〈비공개〉 아무것도 없는 상태에서 시작한 거예요.

26

윤희 아빠 진광영

면담자	결혼 초반에 좀 힘드셨겠어요.

윤희 아빠 좀 힘들었다고는 생각…도 해본 적이 없어요, 또. 그냥 다 이렇게 사는 거야. 뭐 돈 없으면 못 사나. 맨날 또 결혼해 갖고도 술 먹고 일했으니까, 뭐. 집사람이 봤을 때는 저 사람은 참…. 점쟁이 말이 맞는 것도 같고. (면담자 : 점을 종종 보셨어요?) 아니에요. 가끔… 한 번, 봤는데요. 저는 호주머니에 돈이 들어오면 다 나가는 스타일이에요, 원래. [그래서] 옆에 있는 사람 다리 꼭 붙들고 살으라고. 지금도 와이프 꼭 붙들고 사는 중이에요. 여기 내 호주머니에 1000만 원이 들어오면 1000만 원이 나가야 돼. 나갈 자리가 생겨 있고….

면담자	또 그만큼 사람들을 챙기는 편인 거죠?

윤희 아빠 많이 챙겼죠, 많이 챙겼는데…. 직장생활 하면서 집에다 뭐 한두 명 거둬다 먹였겠습니까? 집에 와서 밥 먹여서, 직장 소개시켜 줘, 또 회사 그만두고 있으면 데려다가 또 다른 데 소개시켜 줘. 정이 좀 많아요, 제가. 왜냐면은 나쁜 짓은 할 때 하는 거지만 뭐 나쁜 짓도 적당히 하고 말아야지, 그 정도까지 나쁜 짓거리하면 사람이 아니니까. 안산에 와가지고, 와동에 딱 오자, 집사람하고 결혼하려고 방을 얻으면서부터 이제 그 집서부터 살기 시작한 거예요. 그래 가지고 초등학교 때까지만 살다가, 애들 이제 중학교로 가야 되는데, 어차피 가까운 데, 부모 마음은 가까운 데 가야 되니까, 단원중고교가 새로 생겼으니까 가야 될 거 [같아서], 그래서 그때 건너에 빌라를 사가지고 이사를 온 거예요, 바로 길 건너라. 왜냐면은 건

너오면은 실제적으로 도로를 건넌다든가 이런 거는 없었으니까. 애들 때문에 이사 와가지고 거기다 이제 그나마 내 집이라고 생각하고 살기 시작했던 거고. 그런 과정에서 이제 어머님, 아버님도 시골에 두 분이 계시니까, 동생도 시골에 있는데 동생 놈은 하는 일도 없고 어머니, 아버지도 그렇고 그래서, 또 시골집 팔아가지고 강서고등학교 앞에 빌라 사가지고 그쪽으로 모시고 오니까⋯. 딱 하니 저희 집하고 한 3, 400미터밖에 안 떨어져 있으니까 왔다 갔다 하면서 얼굴도 보고. 또 그렇게⋯ 가까이 있으니까 나도 좀 편하기도 하고.

면담자　　　부모님이 가까이에 계시면 윤희랑 동생도 왕래를 자주 했겠네요?

윤희 아빠　　가끔 어렸을 때는 가는데 이게 중학교나 다니면 안 가요. 뭘 일 있어야 가고, 지들이 또 가끔 가고. 친구들이 그 옆에 있으니까, 할아버지 집이 여기 있으면 옆, 바로 옆에 친구가 있었단 말이에요. 그때는 가서 이렇게 만나기도 하고 그랬는데⋯ 할아버지, 할머니가 보고 싶다고 그러면 주말에 한 번씩 데리고 가고. 나는 이제, 나는 수시로 얼굴 한 번씩 봬야 되고. 하루에 한 번씩은 전화를 해야되고.

면담자　　　장남이셔서 더 그렇겠네요. (윤희 아빠 : 그렇죠) 주말에는 보통 어떻게 지내셨나요?

윤희 아빠　　저희 같은 경우는, 저희 계통이, 제가 직장생활을 84년도, 85년 초부터 시작하면서 토요일, 일요일 쉬어본 적이 없어요. 그리고 추석, 휴가, 뭐 구정 이런 거 쉬어본 적이 없어요. 자동차 공장 쉴 때가, 우리는 일을 해야 되니까, 몇 달 전부터 준비해서 자동차 공장 직원들이 휴가 동안 〈비공개〉 뒤에 트렁크가 이렇게 노치백으로 돼 있는데 이거를 해치백 스타일로 바꾸려면은 미리 준비를 해가지고 그 휴가 기간 내에 탁 끝내고 나와야 돼요. 그래야 이제 그 차가 나가는 거야. 그러다 보니까 또 그런 공사들이 많아요, 주말 공사라든가, 이런 공사들이 많아 가지고. 처음에 말단으로 시작해 가지고 계속 일하다 보면 다 직책이 하나씩 하나씩 다 올라가요. 올라가 가지고 책임자도 해보고 하면서 느끼는 거지만 참 우리 일이 힘들구나… 이게 모든 일은 시작을 하면 처음에는 힘들잖아요. 그 사람이 숙달이 되면 그다음부터 편해지는 거고. 똑같은 거예요. 근데 거기 직원들 같은 경우 시간이 좀 지나면서, 보통 있는 회사들이 해외 일들을 많이 해요. 해외 일을 하다 보니까 친구들, 지금도 우신시스템이 상장회사예요. 상장회사인데 거기에 있는, 지금 정년퇴직을 눈앞에 두고 있는 친구들은 거의 뭐 출장 나가면은 해외에 다 나가 있어요, 1년이면 한 6개월 정도. 그러면 뭐 남아프리카, 남미까지도 가 있고, 유럽도 가고, 러시아도 가고, 인도는 기본적으로 다니는 거고. 주위에 친구들이 해외 출장을 많이 나가게 되죠.

면담자   아버님은 해외 출장 안 나가셨나요?

윤희 아빠   저는 해외 출장은 한 번도 못 나가봤어요, 직장이 옮겨졌으니까. 옮겨지면서 그게 큰 회사인데 그때도 여기는 이제 해외 일은 안 했어요, 일본 거만 했었으니까. 일본에 갈 기회가 있었는데, 일본에 갈 기회가 있었던 거를 회사에서 안 보냈다고, 가면은 사고

칠까 봐서. 가서 이상한 소리 하고 또 싸울까 봐서 안 보내고 아예 다른 사람 보냈었는데…. 나오고 난 뒤에, 다른 또 다른 계통으로, 또 다른 회사로 옮겨가지고 그 회사 일을 하다가, 그 회사도 이제 해외 일은 안 했어, 국내 거만 했었으니까. 세 번째, 세 번째 옮긴 회사가 지금… 또 이제 그보다 한 단계 또 밑에, 따지고 보면은. 화성에 있는 회사인데 지금 거기를 내가 계속 다녔었으니, 화성에서. 그때도, 세월호 참사 때도 화성에서 일할 때니까.

면담자   일하던 날 소식 들으셨어요?

윤희 아빠   일하던 날 천안 출장, 그 전날도 천안 출장 갔다 왔고, 천안에 출장 가는 날이었으니까. 그니까 주말에는 거의 뭐… 제가 운동 좋아하니까 축구하러 나가버리고, 조기 축구. 조기 축구… 2002년부터 만들어가지고 했으니까, 조기 회장도 거기서 하고. 그리고 또 축구회를 만든 발기인 중에 이제 저 혼자밖에 안 남았어요. 저까지 빠지면 이제 아무도 없는 거예요. 그러다 보니까 일요일이면 거의 축구하러 나가죠. 아침에 축구하러 나가면 막걸리 한잔 먹고 들어오고, 애들하고 같이 놀아줄 시간도 없고. 좀 그런 게 좀 많았죠. 그러면 이제 애들하고 좀 못 놀아주니까 토요일 날, 토요일 날 저녁때 마트 가는 게 이제 일이었지. 나중에 집사람이 좀 그런 싫어하는 면도 있어 가지고…, 근데 그때 아니면 또 이렇게 같이 나가서, 같이 나와서 맛있는 데라도, 맛있는 거라도 먹어야 되는데, 거의 배달 음식이잖아요. 부모가 게으르면은 전화만 한 거야, 전화하면 다 오니까. 그런 게 좀 많이 있었던 거 같아요.

5
아이들과의 추억

면담자　　　마트 데려가서 엄마 몰래 장난감도 사주고 하셨어요?

윤희 아빠　　아니, 엄마 몰래 사준 게 아니라, 엄마 알아도 [괜찮으니까]. 뭐, 항상 우리 집에 전자제품이라든가 예를 들어서 핸드폰 같은 거는 엄마가 사주지만, 예를 들어서 닌텐도라든가 이런 것들은 내가 많이 저질렀죠, 항상. 항상 사주면은 뭐, 게임하라고 주면은 앉아서 테니스도 하고 권투도 하고 지들끼리 갖고 놀고 했으니까. 그런 거… 그냥 뭘 못해줘서 그랬지, 해주고 싶은 건 다 해주고 싶었어, 솔직히. 그러니까 항상 친구들이 이렇게 와도, 엄마가 이렇게 좀 밖에 나가고 그러면 딸네 친구들이 오면 거의 기본적으로 뭐 많이, 제가 많이 해줬죠. 토스트도 해주고, 밥 먹고 싶다[고 하면] 김치볶음밥도 해주고, 우리 딸 친구들이니까. 그러니까 저런 음식은 많이 해준 편이에요.

면담자　　　평소에도 요리를 좀 하시나요?

윤희 아빠　　평소에도 요리를 좀 하는 게 아니라 지금도 하고 있습니다. 우리 집은 먼저 일어난 사람이 해요. 집사람이 먼저 하면은 먼저 하고, 내가 시간 되면 내가 하고. 집사람이 요새는 공방도 지금 하고 있고, 활동을 하고 있기 때문에 거의 제가 많이 하죠.

면담자　　　애들이 아빠 밥 많이 먹었겠네요?

윤희 아빠　　아빠 밥도 많이 먹고, 아빠 토스트도 많이 먹고, 그리고 아빠가 오므라이스도 해주면 잘 먹고. "아빠가 해주는 게 맛있다"고 그러니까, 그런 건 있었어요.

면담자　　　　그럼 평일에 아이들은 아버님이 해주시는 밥 먹고, 같이 나와서 애들은 학교로 가고 아버님은 일터로 가는 생활을 했겠네요?

윤희 아빠　　　네, 실제적으로 아침에 제가 출근 시간이 빨라요. 6시 한 반 정도 안 나가면은 차가 막혀서 못 가요, 화성까지. 아침에 이제 밥솥에 밥이 비면은 밥은 해놓고 오죠, 이렇게. 밥솥에 밥이 없으면 무조건 밥은 해놓고 와요. 예를 들어서 시간이 좀 되면은 국이라도 끓여요, [먹을 게] 없으면은. 그러면은 이제 집사람이 챙겨서 아침 애들 밥 먹이고, 집사람이 거기다 후라이[프라이]를 하든 달걀말이를 하든 해서 애들 밥 먹여서 보내니까. 그러면 저는 퇴근해서 또 끝나고, 저 퇴근하고 끝나고 오면, 보통 저희가 8시 반에 끝나는데, 야근하면은. 보통 5시에 끝나야 되는데 야근하면 8시 반 정도에 끝나면은, 올라오면은 보통 9시 반. 거의 들어오면 애들 잠깐 보고 또 잤다가 나가고 이런 게 거의 일과였으니까. 그때는 주 5일 근무도 아니었고 그랬어요. 출퇴근 시간이 멀다 보니까 항상 좀 일찍 나가야 돼요.

면담자　　　　밤에 도착할 때가 많으니 집에 오면 애들은 자고 있었겠네요.

윤희 아빠　　　그니까 이제 술 먹고 들어오면은, 또 끝나고 나면 술 많이 먹잖아요, 아빠들이. 막 자는 애 볼에다 막 비비고 깨워가지고 "뭐 먹고 싶냐"고 물어보고, 그러면 막 짜증 내고 그럴 때가 많지.

윤희 아빠 진광영

면담자   윤희랑 둘째가 2살 터울이더라고요. 근데 아이 이름이 돌림자가 아니더라고요?

윤희 아빠   저희는 돌림자 이런 거에 대한 고정관념은 없었습니다. 사실상 윤희 같은 경우는, 그때는 내가 이제 '이름을 내가 지을까' 하다가 우리 매제가 광주에 사는데 매제가 그런 쪽에 성명학이나 이런 쪽으로 해가지고 좀 잘 아는 사람도 있고 그래 가지고 지어서 왔는데 "형님이 골라보세요, 몇 개를 했는데" 그랬더니 내가 붉은 구슬옥 윤(玧)에 빛날 희(熙) 자가 참 마음에 들더라고. 그래 가지고 했는데, 이것도 사람이 또 어떠한, 어떠한 그 뭐야, 일이나 사건에 붙여버리면은…. 그때가[참사 날이] 슈퍼문이었어요, 붉은 달. '그래서 그랬나' 그런 생각도 들고…. 사람이란 게 참 얄팍한 거야. 생전 하나님 안 믿다가도 내가 죽게 생겼으면 하나님 소리 나오는 것 똑같이. 그런 생각도 해봤어요.

　　○○는 '가을동화' 때문에 지은 거예요. 왜냐면은 송혜교 팬이었거든, 내가. 왜, 참 이미지가 차분해 보이고 포근해 보이고 그랬어. 그리고 또 우리 여동생이랑 닮기도 한 것도 있고 그래 가지고, 인상이 참 좋은 인상이었어. 〈비공개〉 집사람이 반대했지만, 그렇게 해가지고 이제 ○○라고 이름을 지었[어요]. 둘이 이제 2살 터울 나는데도 그렇게 싸우지는 않은 거 같아요. 둘째가 이겨요, 항상. 근데 언니가 많이 이해를 해요. 우리 윤희가 이해심이 많았어요. 항상 져줘도, 항상 뭐 하면 져주기도 하고…. 내가 걔들 몇 살 때냐, 우리 집에 고양이를 지금 12년인가 키우고 있는데 '콩'이라고 내가 새끼 때 데려왔어요, 이렇게. 데려왔는데 너무 좋아하는 거야, 애들이. 그래서

야, 우리 윤희가 제일 이뻐했는데 또 우리 윤희를 제일 만만한 집사로 봤어요. 매일 올라가 가지고 윤희한테 올라가면 "야, 내려와. 내려와" [하고]. 제일 윤희한테 잘 붙고, 윤희도 얘를 막 괴롭히고. 나는 이제 많이 괴롭히니까, 괴롭히는 게 아니라 나는 운동시키려고 쭉쭉 이도 시키고 그러는데, 귀찮으니까 나한테는 지금도 안 오지만은 딸들한테 잘 갔던 거 같아요. 처음에는 집사람이 반대했는데 지금은 이제 집사람도 나보다는 더 좋아하니까.

면담자   어떻게 입양을 하게 되셨어요?

윤희 아빠   아는 선배가 고양이를 키웠어요. "새끼를 많이 낳았는데 고양이 한번 키워볼래?" 그래서 "그래, 응. 집사람 싫어하는데 [그래도] 내가, 한 마리 내가 데려다 키울게". 새끼 요만한 게 얼마나 이뻐, 그때 회색인데. 그래 가지고 참 개도 우리 집에 나 때문에 잘못 왔지 뭐. 혼자 얼마나 외로웠겠어요, 솔직히. 두 마리는 키웠어야 되는데, 지금도 보면은 짠하기도 해요, 솔직히. 동물이지만, 혼자 있다는 게 그렇기도 하고….

면담자   그래도 윤희랑 ○○가 되게 좋아했겠네요?

윤희 아빠   엄청 좋아했어요. 윤희, 제일 만만한 게 이제 윤희였지, 집사로서는. 또 지가 얘를, 윤희가 또 제일 이뻐했고. 잘 데려왔지 데려오기는, 내가. 참 처음 딱 보니까 이쁘더라고. 두 마리, 세 마리 있는데 탁 집어 와가지고 내가 데리고 왔는데, 이쁘게 데리고 왔어요. 그러다 보니까 서열이, 어느 집안이든 간에 어느 날 갑자기 스마트폰에 한창 뭐 애니팡[모바일 퍼즐 게임]이라는 게 나왔잖아요. 아빠가 일 끝나고 들어와도 전부 그거 하고 있지, 문 앞에 와가지고 "아빠 오셨어요" 하는 모습은 못 봤거든. 애니팡 밑에 있었거든 내가. 고양이 데리고 가니까 이제 개 밑에, 또 밑으로. '에이그 남자들 다 이렇게 사는구나' [싶었지요].

면담자   고양이 데려왔을 때가 아이들 중학교 때인가 봐요?

윤희 아빠   중학…, 십몇 년 키웠으니까 초등학교 때인가? 중학교 때인가 모르겠네요. 12살인가 몇 살인가 됐다 그랬으니까 초등학교 때였겠죠?

면담자   아이들한테는 형제 같겠네요. 혹시 따님들 태몽도 기억하시나요?

윤희 아빠   글쎄요. 나는 우리 어머니가 태몽을 한 번 꾼…, 윤희 낳을 때인 것 같은데? 탐스러운 복숭아가, 진짜 복숭아가 있었는데 복숭아 따려고 그랬는데 밑으로 똑 떨어져 딱 깨졌다고 그러더라고. 그래서 딸인 줄 알았다는 거야, '이건 딸이다'. 그 얘기밖에 못 들은 거 같아요. 둘째는 잘 모르겠어요, 나는 그런 꿈은 잘 꾸는 편이 나는 아니라서, 어머니가 이제 해주신 말씀이…. 둘째는 살 모르고, 둘째는 잘 기억이 안 나. 첫째, 지금도 딸내미하고 찍은 사진을 보면은, 사진은 내가 엊그제 앨범 정리하면서, 싹 정리하면서 버리기도 그래 가지고 일일이 한 장씩 찍어가지고 핸드폰에 저장해 놓고 다 버렸다고. 집사람이 물론 옛날 [사진] 가지고 와가지고 다 이제 CD로 담고 했는데…, 그러고 나니까 둘째한테 미안한 거야. 둘째하고 찍은 사진이 별로 없어. 지금 둘째 딸하고 사진 찍자고 하면 도망가요.

안 해, "아빠, 귀찮게 왜 그래?" [그러면서]. 저희는 그때 가족사진도 없었어요. 집에 가면 가족사진 이렇게 네 명이 찍어놓고 그러잖아요. 그런 거에 나는 별다른, 큰 그런 게 없었는데, 막상 이러한 일을 겪고 나니까 또, 가족사진 찍은 거 찾아보려니까 딱 석 장인가 몇 장 밖에 안 나오더라고. 그러다 보니까 '야, 사진도 좀 찍어놓을걸 그랬나' [하고] 많이 좀 아쉽기도 했어요.

면담자   윤희랑은 사진 좀 찍으셨나 봐요?

윤희 아빠   그런 거는, 저는 이제 사진 찍을 때 포즈 잡으면서 찍는 거를 굉장히 싫어해요. 주위에서도 보면 나는 사진을 많이 찍어주는 편이에요. 그래 가지고 많이 보내줘요, 정작 내 사진은 없어도. 애들 같으면, 윤희 같은 경우에 어렸을 때 보면은 막 그냥, 있을 때는 있는 그대로 막 찍고, 어떤 때는 지들이 포즈 잡고 그러는데…. 어렸을 때는 사진 많이 찍어줬죠. 크면서는 이제 찍으면은 지가 얼굴 가리니까, "아빠 하지 마" [그러면서]. 그리고 항상 포즈 잡으면 손을 꼭 (V 자를 만들며) 이랬으니까.

면담자   사춘기 오면은 아버지하고 좀 멀어지기도 하죠?

윤희 아빠   글쎄요, 저는 그런 것도 분명히 있었을 거 같은데 별로 못 느낀 거 같아. 둘째는 조금 느꼈고. 둘째는 좀 이렇게, 좀 그런 거 있었는데 윤희는 그런 게 없는 거 같아. 왜냐면은 보통 이렇게 안방에서 이제 부부가 자면은 애들이, 그때는 빌라지만 방이 두 개라 용케 남자가 없으니까, 딸 둘이니까 둘이 같은 침대에 잤거든. 같은 침대에서 자고, 어떤 때는 지가 저기 하면은 거실 나와서, 지가 나와서 거실서 자고. 아이 엄마한테도 "엄마랑 같이 자. 아빠 여기서 잘 테니까" 그러고 있었는데…. 여름에는 이제 더우니까 에어컨 있는 데로, 거실로 모여야 되니까 우르르 나와서 하기도 했지만…. 별다르게 그걸 나는 못 느꼈어요, 사춘기…. 아빠가 좀 무뎌서인지 모르겠지만, 그렇게 나는 우리 딸이 너무 착하다고 생각하다 보니까 관심을 크게 안 줬던 거 같아. 엄마는 뭐 느꼈는지 몰라도 나는 그런 걸 못 느꼈어요.

면담자   또 아이가 조용하고 차분한 성격이다 보면 사춘기가 티가 안 났겠네요.

윤희 아빠   글쎄요, 표시 난 것도 못 보고. 친구들하고는 또 이야기했을지는 모르겠지만, 그렇게 특별난 거 나는 없는 거 같던데…. 분명히 뭔가는 있긴 있었을 거 같은데도, 물론 학교 남녀공학이니까 좋아하는 친구도 있을 것이고 할 텐데도, 누구 이렇게 확 표현해 내고 그런 건 없었어요. 있는 듯 없는 듯 조용하니, 너무 착했다고, 너무 착해 빠졌다고 그랬지 내가.

면담자   아이가 학교 다니면서 제일 친하게 지냈던 친구가, 윤희 포함해서 다섯 명 있었다고 하더라고요.

윤희 아빠   세 명은 고등학교는 같이 안 간 거 같아, 다른 데로 갔고. 그다음에 민지, 1반에 민지 아빠 김내근 씨 있죠? 그리고 고등학교 다니면서 수학여행 가기 전까지는 해인이.

면담자   윤희 친구들 이름까지 다 알고 계시네요?

윤희 아빠   그 정도까지만 알죠. 그것도 이번 일이 있으면서 알게 된 거지 뭐. 중학교 친구들이랑 민지, 해인이까지는 알고 있었지. 근데 2학년 9반에 정다혜라고, 그 애가 정재순이라고 내 친구 딸이거든. 걔들은 어렸을 때 같이 놀았는데도 몰라. 나도 몰랐어, 내 친구 딸이 거기 있는지. 그놈 암 투병해 가면서 그 사건 있을 때, 거기 내려갈 때 내가 데리고 내려가고 그랬는데, 결국에는 하늘나라로 보냈지만…. 그 얘기는 뭐 나중에 또 하겠지만요. 같이 있는지도 몰랐죠. 그리고 같이, 옛날에 텐트를 쳐준 예지 아빠 딸이 예지인지도 그때 처음 안 거고, 이번 일이 있으면서. 야… 한편으로 '자식새끼 학교 보내놓고 한 번도 안 가는 거는 참 나쁜 짓이 아닌가?' 그런 생각 많이 했어요. 〈비공개〉

면담자   아무래도 아이들이 학교를 조용히 잘 다니면 부모님들은 학교에 믿고 맡기시니까요.

윤희 아빠   거의 실제적으로 이런 게 있어요. [안산이] 서울을 벗어난 위성도시 중에 하나거든, 따지고 보면은. 서울에 강남에 8학군이라든가 이렇게 좋은 학군에 있는, 그쪽에 있는, 그러니까 좀 그나마 좀 학교교육도 받고 그 외적인 교육도 받는 정도의 집안이 아니면은 전국의 대부분의 학교에 다니는 학부모들이 나가서 돈 벌기 바쁘고, 생활이 바쁘다고 학교로 맡겨요, 그냥. 그게 거의 한 7, 80프로 된다고 생각하시면 돼요. 믿는 거지, 공립이니까. 대부분이 다 그렇게 살고 있을 거예요. 근데 그게 이제 시간이 지나면 지날수록 바뀌겠죠. 저희 때에, 저희 뭐 70년대 학교 다닐 때하고 틀리니까[다르니까. 애들한테도 '아빠 왕년에 이랬는데' 그런 얘기 잘 안 하려고 많이 노력을 해요, '아빠 옛날에 이랬어, 막 밥도 못 먹고…' 통하지도 않을 얘기니까….

6
성장과정에서의 일화와 교육 가치관

면담자   윤희의 성장과정에서 특별히 기억에 남는 일화 같은 게 있으신가요?

윤희 아빠   글쎄 특별난 뭔 일화라고… 하기도…. 어느 잘, 저기 뭐야 성격이 참 내성적이랄까 좀 말이 적은 편이고, 좀 이렇게 여린 것 같으니까 '혹시 남들하고 이렇게, 남들한테 왕따당하지 않을까?' 이런 생각도 좀 했었어. 근데 나름대로 친구들도 잘 사귀고 하더라고요. 근데 친구들 사귀는 방향이 자기가, 자기한테 좀, 자기하고 좀 코드가 맞는 그런 쪽으로만 친구들을 많이 만나는 거 같더라고, 많이는 아니지만 몇 명 정도. 저 같았으면 전체 다 알아가지고, 전체 막 다 저기 이렇게 했는데 그건 또 나하고 안 맞았던 거 같아. 몇 사람 자기 그나마 자기하고 좀 맞고 하는 사람들은 꼭 붙어 다니고, 항상 같이 얘기하고 그런 건 있어요. 그래 가지고 특별나다 그럴 것도 없는데, 나는 그냥 좀 더 활발했으면 쓰겠는데 성격이 그런지 뭐, 이렇게 되나 했더니 의외로 보니까 좀 상당히 차분해요.

생전 내가 딸이 그림 그리고 이런 것도 못 봤어. 초등학생들 그림 그리면, 중학생들 그림 그리면 얼마나 그리겠어. 근데 어느 날 갑자기 포스터 같은 거 그린 거 보면은 상당히 잘 그려요, 내가 봐도. 상당히 잘 그린다는 거야. 내가 생각했던 거보다 잘 그리는 거야. 그래서 '어, 이거 봐라 잘 그리네. 이 정도면 잘 그리는 것 같은데?' 그러니까 내가 지금도 스크랩, 그대로 있는 거 그대로 다 지금 남겨놓고, 버리지 않고 있는 거, 다 남겨놨는데…. 그림도 좀 잘 그리더라고. 나름대로 이제 포스터 같은 거, 표어 같은 거 할 때 보면은, 나름대로 생각하는 거 보면은 생각도 좀 깊은 거 같기도 하고. 얘는 "아빠는 너 참 선생님 했으면 좋겠는데" (면담자 : 아, 그런 말을 하셨어요?) 그런 얘기 많이 했어요. 딱 '선생님 정도 하면 너는, 우리 윤희는 선생님이 딱 맞을 거 같아. 성격도 차분하고 성격도 좋고. 뭐 학교 선생님을 하든 유치원 선생님을 하든 가르치는 쪽 했으면 참 좋겠다'는 생각을 많이 가졌었어요.

면담자   윤희도 선생님을 하고 싶어 했나요?

윤희 아빠   초등학교 때 일화가 하나 있는데, 장래 희망을 학교에서 쓰라 그러니까 점집이라고 써놨더라고. (면담자 : 초등학교 때요?) 네, 몇 학년 때인지는 모르겠는데 점집. 그래서 그걸 가지고 왔어. "야, 너 점집이, 어떻게 장래 희망이 점집이 뭐니? 점집이 뭔 줄 알아?" 모른대. "모르는데 어떻게 점집을 썼어?" 그랬더니 뭐 방송에서 봤나? "점집은 무당이야" [그랬더니], 무당이라는 것도 알고는 있더라고. 그래서 "왜?" 그랬더니 "아니야 그냥 갑자기 생각나 가지고 쓰다 보니까 그냥 썼어. 별다른 의미는 없어" 그렇게 [말]하더라고요. 그래서 "그래, 뭐 그때는 그럴 수도 있는 거지 뭐" [하고] 그냥 에피소드로 넘어갔어요.

고등학교 들어가면서 공부하고 싶어 하더라고, 지가. 근데 뭐 사교육을 시켜봤어야지. 지가 와서 공부하고, 사교육 해봐야 조금 학원 보내는 거, 그냥 남들하고 똑같이 학원 보내는 거 외에는 해본 게 없었던 거 같아요. 지가 이제 공부, 시간 되면 알아서 공부하고, TV 보고 싶으면 TV 보고. TV 보고 이런 거에 뭐라고 안 했으니까, 지가 할 거 다 하고 보는 거니까. 그러면서 갑자기 회계사 한번, 회계사. 여러 가지 그 학교에서 나눠줘요, 직업에 대해서. 이게 보니까 "회계사가 뭐냐?"고 물어보더라고요. "회계사는 이렇게 여러 가지, 어느 한 회사 하게 되면은 정리해 가지고 그걸 다 자료 해가지고 세무하고 같이 연결시키는 사람이다" 그랬더니 "그래?" 이것저것 막 직업에 대해서 물어보더라고. 그래서 "어려운 거야?" 그래서 "어렵지. 공부도 잘해야 되고 수학 같은 것도 잘해야 되고" [했지요]. 물론 점차점차 커가면서 배우면 될 수 있는 부분이니까…. 수학을 그래도 좀 잘했어요.

내가 한이, 초등학교 나는 2학년 때부터 공부를 손에서 뗀 사람이에요. 2학년 때 무용부, 3학년 때 밴드부, 4학년 때 축구부 시작해 가지고 중학교까지 축구하다가 이제 공고 가버렸으니까. 공고 가면은 수학 일주일에 1시간, 영이 일주일에 1시간, 나머지는 진부 실습. 일주일에 40시간이면은 반이 실습이고 나머지는 수학 딱 1시간씩밖에 없었으니까. 공부하고는 완전히 담을, 초등학교 2학년 때 쌓아버린 거니까. 그래서 내가 수학 같은 거에 내가 좀 한이 맺혀가지고……. 학원에서 수학하고 영어 이런 거는 제법 하더라고. 그래서 지가 또 뭐 자꾸 물어보길래 그래서 이야기해 보니까 "아빠, 나 회계사…" [그래서], 금방 또 바뀔 수 있으니까 "해봐. 해봐도 괜찮아. 괜찮은 직업이야. 아빠는 이제 이렇게 배웠기 때문에 현장에 나가서 일도 하지만 아빠도 사무실에 들어가서 앉아서 사무도 볼 때 있고, 급할 때는 현장에 나가서 같이 일할 때도 있지만 너 같으면 이왕이면은 공부 좀 해가지고 사무실 앉아서 일하는 게 좋지 않니?" [하고] 좀 내가 지나가는 식으로 이야기했는데 지가 하고 싶어 했었어.

면담자　　　특별히 수학을 더 가르쳐야 되겠다고 생각하신 계기가 있나요?

윤희 아빠　　　제가 못했으니까. 가감승제만 알면은 먹고는 살아요. 먹고는 사는데, 저희도 우리 계통에 일을 하면 무조건 삼각함수는 기본적으로 알아야 돼요, 저희도. 삼각함수만 아는 게 문제가 아니라 체적 뭐 이런 거 다 알아야 돼. 계산기 다…, 그게 저는 이제 직장생활 하면서 배운 거예요, 직장생활 [하면서]. 안 쓸 수가 없어요, 전부 다. 그래서 좀 그런 부분에서 내가 좀 많이… 어차피 써야 되니까. '가감승제만 해갖고는 못 먹고산다'[는 생각에] 한이 좀 맺혔죠.

면담자　　　수학이 앞으로 생활하는 데 굉장히 중요하다는 생각을 갖고 계셨던 거네요?

윤희 아빠　　　그렇죠. 저희 같은 경우에 일을, 일할 때마다 누가 "내가 삼각함수 그거 쓰겠어?" 그랬는데 삼각함수 당연히 쓰는 거고, 지붕을 하나 올리더라도 삼각함수가 들어가는 거고.

면담자   혹시 수학 외에 삶의 가치관에 대해서도 아이들한테
뭔가 얘기해 주신 게 있으신가요?

윤희 아빠   삶의 가치관에 대해서는 크게 이야기한 건 없었어요.
"책 좀 많이 읽었으면 쓰겠다" [한 거 정도]. 저도 상당히 좀 나름대로
책을 많이 읽는 편이에요. 이게 좀, 저도 공부하고 그런 거는 담을
쌓았지만은 책을 좀 많이, 저는 역사를, 역사소설 같은 거를 좀 많이
읽는 편이에요, 인문학이나 이런 것들. 잘 이해를 못 할 때도 있지만
역사서 같은 경우는 많이 읽었죠. 근데 요즘 핸드폰에 교보문고 들
어가면은 한 달에 정액제 주고 전자책을 볼 수 있는 게 있어 가지고
[애플리케이션] 깔아가지고 다니면서 시간 날 때마다 보는데, 책을 많
이 읽으라고 좀 많이 그랬었어요. "학교에서 배우고 그런 것보다 신
문이나 니들 보고 싶은 여성잡지가 됐든 좀 책을 좀 많이 읽었으면
좋겠다"는 얘기를 많이 했죠.

근데 많이 보더라고요. 우리 윤희는 책을 좀 많이 읽긴 읽었어.
이렇게 보면은 이제 추리소설 같은 거 많이 갖다 읽더라고. (면담자 :
추리소설을 좋아했군요?) 네, 추리소설을 많이 읽더라고. 우리 ○○는
좀 잘 안 읽는 편인데, 우리 윤희는 항상 책 빌려다가 보고. 또 딸 노
트가 있어요, 노트가. 거기 보면은, 아휴 그거 볼 때마다 울었는데…
일정이 쓰여 있어, 노트에. 스프링 노트에 "오늘 책 반납하기", "뭐
가져가기" 계속… 수학여행 가기 전까지 써 있었나? 내가 거기 잘 안
볼라 그래, 거기. 자기 이름, 자기 거는 철두철미해. 내 일, 할 일, 학
교에 할 일, 뭐 가져가기, 뭐 준비물 뭐 하기…. 또 오면은 그 전날
또 다 써놓고 확인하고, 철저하게. 내가 그거 다이어리, 그 노트를

보니까 나도 알았지. 애가 이렇게 하는 줄 몰랐죠. 꼼꼼했어요, 진짜 꼼꼼했어.

면담자　　　그 전에는 아버님한테 다이어리를 보여준 적은 없는 거죠?

윤희 아빠　　　전혀 못 봤죠. 전혀 못 보고, 이번 일 겪고 난 뒤에 정리 좀 하면서 본 거지. 그리고 '야, 이놈이 참 차분히 지 할 건 다 했구나' 생각도 많이 들어요.

면담자　　　거기에 일기 같은 것도 적혀 있었나요?

윤희 아빠　　　일기는 있었는데, 일기는 이제 지 나름대로 조금씩 이렇게 해놓고 하는 것도 있었는데, 매일 쓰는 건 아니고. 메모하고 하는 건 있었는데, 그런 거는 또 제가 가서 잘 이렇게 쳐다보지 않죠, 철저하게. 특히나 딸의 비밀인데 찾아볼 수도 없는 거고, 얘기해 주면은 아는 거고…. 그 이상 없었던 거 같아요.

면담자　　　말씀하시는 거 보면 성적에 대해서 잔소리를 하는 편은 아니신 것 같아요.

윤희 아빠　　　성적 가지고 잔소리는 할 때도 한 번씩 있죠. 근데 거의, 공부라는 거는 이번에 못했으면 다음에 잘하면 되니까요. 나는 그렇게 생각해요. 공부 잘해, 공부 잘해가지고, 진짜 공부 잘하면은 본인이 열심히 해가지고 하는 거지. 이번에 조금 내가 순간적으로 해서 실수를 했다고 그래도 실수는 다음에 만회하면 되는 거니까, 공부하란 얘기는 잘 안 했던 거 같아요, 솔직히. 항상 "사람은 태어나면서 자기가 꼭 살아가는 그 자리가 누구나 다 있다. 그 모양이 어떻게 변하고 직업이 어떻게 변할지는 모르지만 걱정하지 마라. 근데 배워야 된다"는 얘기는, 배우면 더 좋다는 거지. "공부보다…, 공부는 못해도 괜찮아. 책은 많이 읽어라" 그랬었지 솔직히. 책 많이 읽고….

면담자   특별히 어떤 책을 추천하신 적도 있으신가요?

윤희 아빠   책은 추천은 안 했죠, 네가 읽고 싶은 거. 저 같은 경우는 이제, 물론 교양 이런 쪽에 많이 읽어, 그 나이대에 맞게 책을 읽는 거지. 그 나이대에 안 맞게 뭐 『논어』, 『맹자』 읽을 수는 없잖아요. 그러니까 자기가 읽고 싶은 책이면은 만화책이라도 보라고 그랬었어, 하물며는 만화책이라도 보라고. 왜냐하면 역사서라든가 모든 것들은 만화책으로도 나오고 그러니까. 사실상 제가 그런 거 좋아하다 보니까 내가 미리 좀 사서 많이 갖다났으면 우리 윤희도 많이 읽었을 텐데. 책 읽는 취향이 틀려요[달라요], 우리 집은 또, 나는 이제 역사 쪽에 많이 읽고 하다 보니까. 나름대로 책 좀 읽었던 거 같아, 꾸준히. 하여간 1년 독서량은 넘었던 거 같아.

면담자   윤희가 고등학교 올라가서 회계사를 꿈꾸면 수능 준비도 했을 텐데, 어떻게 준비하셨나요?

윤희 아빠   고등학교 때 가서 이제 ㄱ 꿈은 생긴 거고, 고등학교 2학년 때. 2학년 초반 가면서 공부 좀 하려고 노력했었고, 수능 준비는… 크게 뭐 수능 준비라고 해가지고 더 큰, 뭐 좋은 학원 다니고 그런 거는 없었어요. 그냥 공부해서 아빠가, 엄마는 어떻게 생각하는지 [몰라도] "대학은 누구나 갈 수 있다. 서울대를 못 가더라도 이리 갈 수 있는 거고. 대학이라는 거는 많다. 특수 전문대도 있는 거고, 하물며 기능대학이라고 해가지고 폴리텍 대학들이 다 있어. 네 적성에 맞는 데를 가라" [했지요]. 안산에 있으면 다 안산대로 가요. 근데 "안산대가 아니라 다른 데 좋은 데로 다 가라", 그러니까 뭐 대학 가지고 나는 애들한테 스트레스 주고 그런 건 없는 것 같아. "대학은 네가 가고 싶은 데 가. 못 가도 괜찮아. 못 가면은 또 다른 방향이 또 있어" 그런 쪽으로 생각을 많이 했던 거 같아.

면담자   진로나 적성에 맞는 데를 가면 된다는 거죠?

윤희 아빠   그렇죠. 지가 가고 싶은 데 가야지, 엄마, 아빠 가고 싶은 데가 아니라. 둘째도 3학년 때 지가 열심히 왔다 갔다 하드만, 어쨌든 간에 숭의여대 야간에 들어갔어요. 공부 턱걸이는 안 되니까, 디문고[안산디자인문화고등학교] 다니면서 이제 졸업 작품 금상 타가지고 야간에 들어갔는데, 서울에 1년 다니다 말고 지금 그만뒀어. 계속 다녔으면 했는데 본인이 적성에 안 맞는지 자퇴하겠다고 그래서 "그럼 네가 하고 싶은 대로 해. 네 하고 싶은 거 해" [그랬어요]. 자기 하고 싶은 거 이제 피자집으로 토요일, 일요일 날 알바, 지금 매일 나가서 알바는 하고 있어요, 지금. 알바 하고 있는데 다시 공부하고 싶으면, 또 공부하고 자퇴를 했어도 다시 다닐 수 있으니까 "하고 싶으면 해라", "알았어. 내가 알아서 할게요" 하더라고. 본인이 알아서 하는 거지. 아빠, 엄마가 옆에서 얼마나 해주겠어요.

면담자   집안 분위기가 자유로운 편인가 봐요.

윤희 아빠 　　자유롭다기보다도 좀 서로 관심이 없다는 거지. 엄마가 이제 권한이 좀 센 거죠, 이제 따지면. 애들은 엄마는, 엄마를 보고 하지만은, 애들은 엄마가 뭐라고 하면 좀 세게 느끼지. 아빠가 이야기하면 아빠는 막, 엄마 모르게 뒤로 막 해주고 싶거든요. 아들이었으면 안 해주지, 딸들이니까….

면담자 　　딸이라서 특히 더 좋았나요?

윤희 아빠 　　저를 소개시켜 준 친구가, 나는 부러웠어요. 애들 뭐 초등학교하고 중학교 막 들어가고 그러니까 이놈들은 다 커 가지고 이제 군대 가잖아. 같이 앉아서 소주를 먹게 되는 거야, 이제. 부럽기도 하더라고. 근데 둘째 놈 속 썩이기 시작하니까 내가 너무 잘 알죠, 남자들 세계는. 사실상 군대 보내고 같이 앉아서, 다 컸는데 아빠랑, 아빠랑 같이 앉아서 술도 한잔 먹고 그런 게 부러웠던 거지. 속 썩이고 경찰서… 맨날 본드나 하러 다니는 놈들 시키 보면은 막, 그러니까 별로 그런 것…. 오히려 또 여자들이 더 그랬으면 더 미치겠지만, 우리 애들은 또 그러지는 않았으니까.

면담자 　　아이들이 학생이라 같이 술 먹은 적은 없었겠네요.

윤희 아빠 　　안 먹었어요. 한 번씩 이렇게, 이제 집안 행사 있어 모여 있을 때 맥주 있으면 맥주 한번 줘보면은 한 모금 딱 먹으면 안 먹게 돼요, 쓰다고 안 먹고. 그런 건 없었어요. 컸으면은, 둘째하고는 이제, 둘째하고는 대학교 때 소주도 한 잔씩 먹었지. 딱 한 번 먹었네, 한 번, 치킨집에 둘이 앉아서. 그다음부터 재미가 없는지 안 부르더라고요.

면담자   어릴 때 술을 미리 가르쳐주는 분들도 있는데 그러진 않으셨나 봐요.

윤희 아빠   저는 같이 뭐, 학교 다니는데 술을 먹일 수 없는 거니까. 대학생 되니까 이제 둘째하고 술 먹으면서도 큰놈 생각나지. 그러면 아마 우리 큰놈은 내가 이렇게 가르쳐도 한 잔 정도는, 맥주 한 잔 정도는 먹었지 그 이상은 안 먹었을 거 같아. 술 먹는 유전자는 둘째한테 다 간 거 같아요.

면담자   어머님도 술을 잘 안 드시나요?

윤희 아빠   옛날에는 술 잘 안 먹었는데 요즘에는 조금씩 먹어요. 근데 많이는 안 먹어요. 저는 술자리에 앉아서 술 먹을 때까지 정신이 말짱해요. 집에 딱 들어오면 그다음부터는 기억이 없어요. 알코올 중독 2단계? 근데 집사람은 딱 먹으면은, 그 자리에서 자기 양 딱 지킬 거 다 지키고…. 우리 둘째가 이제 [아르바이트] 12시 정도 끝나면은, 피자집 12시에 끝나면은 밥 먹고 뭐 하면은 한 [새벽] 3시 반, 4시 반에 들어올 때도 있어요, 한잔씩 하면서. 아빠는 잠 못 자지, 그때까지. (면담자 : 전화하시지 않아요?) 문자 보내면 짜증을 내지, "알았어, 조금 이따 갈 거야" 그래. 그 시간까지 이제, 물론 저도 거기 사장님도 알고 그러니까 신경 안 써도 되는데, 그래도 참 걱정이 되니까, 또 오는 과정에서라든가. 그때까지 잠 못 자고 기다리고 있는 거지. 이것도 괜한 핑계예요, 또. 왜냐면은 나이 먹으면 갱년기가 오다 보니까 잠이 없어져요. 윤희는 아마 맥주 한 잔 정도는 했을 거 같아요, 먹었더라도. 그 이상은 안 먹고….

면담자   가족분들이 믿는 종교가 있나요?

윤희 아빠   할머니가, 할머니가, 할머니하고 할아버지가 보통 옛날에는 다 절에 다니시고 여기 안산 올라와 가지고 아버지 아프고 하시면서 교회 다니시고 했던 거예요. 우리는 뭐 교회 다니라, 마라 권유한 사람도 없고…. 어머니 돌아가시고는, 그러면서 나도 교회를 약간 나갔는데…. 믿음이라는 거는 내 마음속에서 우러나야 되는데 나는 하나님 원망을 많이 했어. 그 얘기는 나중에 말씀드리면 되고. 할머니, 할아버지는 다녔어요, 뒤늦게.

면담자   아이들은 안 다녔어요?

윤희 아빠   애들은, 우리 딸들은 전혀 안 다녔어요. 친구 따라서 한두 번씩 가본 적은 있을 거야, 옛날에. 한두 번씩은 가봐도 매일 일요일 날에 계속 나가고 그런 건 없었어. 일요일 날 친구들하고 뭐 "아빠, 친구 누구 오기로 했어" 그러면 "어, 알았어, 집에서 놀고. 아빠 운동 간다" 와가지고 있으면 밥 먹여, 안 먹었으면 밥해서 먹여주고 아니면 뭐 친구들 왔으니까 피자도 하나 시켜주고 뭐 그랬….

면담자   참사 이전에 성지에 대해 아이들과 얘기를 나누거나, 투표장을 같이 가본 적이 있으신가요?

윤희 아빠   글쎄 투표장? 나도 정치에 무관심했었고, 정치라는 거는 저기 저 하수구 속에 들어 있는 거라고 생각해 가지고요. 애들 데리고 그렇게 가본 적은 없어요. 애들한테 정치에 관심 두라고 하고 싶은, 한 얘기도 없는 거 같고. 저 사람들이 제일 못난, 세상에 제일 필요 없는 사람들이란 얘기는 한번 했을 거 같아. 아버지가 전라도이기 때문에 전화가 와요, 투표할 때면은, "우린 무조건 2번이야". 우린 어릴 때부터 그렇게 세뇌가 돼가지고 무조건 2번이에요. 그러면 투표하러 가면은 쳐다보지도 않고 2번 가요. 내가 내 생각대로 내 의지대로 투표를 했던 게 대통령 선거였던 거 같아요. (면담자 : 2017년에 있었던?) 아침 6시에 문 열자마자, 저는 주소가 화성으로 되어 있기 때문에 화성 가서, 초등학교 가서 투표하고 인증 사진 찍어서 내가 또 우리 반 [네이버]밴드에다가, 카톡[카카오톡]에다 내가 보내주고 했는데. 그땐 내 의지대로 한 거고, 그 전부터는 전부 다 그냥 무조건….

쉽게 생각하면 저도 이제 배운 게 우리 초등학교, 중학교 때 보통 학교 들어가면 거수경례를 하고 들어갔으니까, 멸공, 방첩 이런 거 하고 다녔으니까. 제가 지금 따지고, 저는 어떻게 보면은 굉장히 급진보수파 정도라고 생각을 했는데 아니더라고, 나도 보니까. 이렇게 급진보수가 아니라 진보죠, 진보. 진보인데, 어릴 때부터 배운 게 있다 보니까 '어른이 밥 먹기 전에 숟가락 들지 마라' 이런 생각도 갖고 있는 거는 극보수의 잔재가 남아 있다는 거예요. 근데 상당히 저는 여러 사람이 같이 가는데도 10명 중에 하나가 반대하면은 나는 "한 번에 오케이 다 해야 돼" 이런 스타일이, 그런 기질이 좀 많이 남아 있어요. 근데 그러면서도 자꾸 기존에 머무는 자체를 좀 싫어해요. "이거는 좀 이거 아니지 않느냐, 이건 좀 열어라", 내가 먼저 또 많이 좀 열어주는 편이고. 막, 누가 와서, 예를 들면 회사에서 사장도 있고 회장도 있지만 와서 뭐라 그러면 대놓고 싸울 정도 되니까. "이건 내가 하는 거지 당신이 하는 게 아니야. 이건 내가 하는 건데 왜 내 일을 간섭을 해. 내가 해가지고 잘못되면 내가 그만둘게, 책임 질게. 이걸 못 믿느냐 그럼 당신이 나와서 해라. 가만히 계세요" [하고] 가서 다 우리가 해결하는 거지. 자기들이 장갑 끼고 일할 거 아니잖아. 그럼 아무 소리 못 하지, 틀린 소리 하는 건 아니니까.

면담자   혹시 노조 활동도 하셨나요?

윤희 아빠   노조 활동은 안 했어요. 저희 같은 사람들은 노조 타입이 아니에요. 왜냐면은 실질적인 노동운동 쪽으로 계속 근무를 했다면 아마 노동운동을 했을 텐데, 저희 같이 사고 치고 이런 사람들은 노동운동에 자체에 못 들어가요. 〈비공개〉 진작에 일찍 큰 회사에 다녔으면 모르는데 그런 회사가 아니었고. 이런 계통에서 처음 시작하는 회사였기 때문에 누구나 가서 다 땀을 흘려야만 이 회사가 클수 있었거든. 지금 회사가 엄청 많이 큰 거예요.

면담자   회사를 위해서도 희생을 좀 하셨겠네요?

윤희 아빠   희생은 뭐, 주말을 반납한 거지. 거의, 한 5, 6년은 거의 [집에] 못 갔어요. 명절이고 뭐고 집에를 못 갔어요. 그 뒤로도 이제 뭐… 지희는 휴가철만 되면 휴가를 반납을 거의 해야 돼요. 일이 뭐 한군데만 하는 게 아니고 하다 보니까. 휴가 반납하고 각자 달라붙어야 되니까. 그 밑에 이제 과장, 차장, 부장들 있으면 하나씩 다, 하여튼 팀장도 있으니까 막…. 과장은 직장들 막 있으면 팀장 하나씩 묶어서 막 내보내야 된단 말이에요, 조를 짜서. 그러면 그 사람들이 가서 밤이 새든 날이 새든 그냥 한 새벽 3시, 5시까지 해갖고라도 그 기간 안에 끝내야 돼요. 그러고 나면 이제 한 번씩 여기도 들르

고, 저기도 들르고, 가서 밥도 사주고, 같이 장갑 끼고 일을 [하기도
하고]. 어떨 때는 내가 이걸 가지고 나가기도 하고…. 고생은 많이 했
죠. 그러니까 우리나라가 또 기술도 많이 발전을 했고요, 경기가 안
좋아서 그렇지. 다들 힘들 거예요, 솔직히. (면담자 : 아버님이 산업역
군이시군요) 저 학교 다닐 때 '조국근대화의 기수'라고 이렇게 붙이고
다녔었어요, 옛날에. 이거 공고가, 기계공고만 붙이고 다녔어요,
'조국근대화의 기수'. 참 그때는 이거 하나가 어깨를 뿌듯하게 했는
데, 조국근대화의 기름쟁이들이야, 내가.

7
수학여행 준비와 참사 소식을 듣기까지

면담자　　윤희가 수학여행을 가겠다고 통지서를 받아왔잖아요.
그때 아버님도 통지서 미리 좀 보셨나요?

윤희 아빠　　그때 엄마가 보다가, 나중에 저도 한 번 봤어요. 음…
참 그게 문제야. 그때 '1박 2일'에선가 나왔거든, '무한도전'인가?
인천에서 오하마나[호 타고] 가는 거였어, 그거는. 그때 방송에 오하
마나[호 타고] 가는 거 나와가지고, 가면서, 가면은 불꽃놀이도 해주
고 그랬었어, 그때 그 방송 타면서부터…. 인천에서 제주 가는 배가
있다는 건 알고 있었지만 '비행기로 가지 왜 배로 가' 그런 생각은 했
었죠. 난 그랬어요, 그냥. 우리 윤희가 좀 이게 꼼지락거리고 어디
멀리 가는 거 좀 싫어하는데 "마지막 수학여행 다녀와. 너한테 이게

마지막 추억이야. 다녀오고, 거기 뭐 방송에 보니까 불꽃놀이도 해주고 그러더라. 멀미하면 키미테도 붙이고" 적극적으로 갔다 오라고 추천했죠, 적극적으로. 사실 상당히 좀 시큰둥했었어, 솔직히. 본인은 좀 많이, 좀 가기 싫어하는 눈치, 이제 좀 그런 눈치를 보였어. '그냥 안 가면 안 돼?' 이런 쪽으로도 생각한 것 같기도 하고. 그래도 "야, 친구들하고 가는 거니 갔다 와" 해가지고 적극적으로 밀었지. "여보" 와이프한테 "통장에 입금시키고 간식도 준비해 줘" [했고].

면담자　　　그래서 윤희 신발이랑 옷 사는 것도 아버님이 되게 적극적으로 사주셨다고 하더라고요.

윤희 아빠　　　이게 16일… 15일 날, 15일 날이니까 15일 날 저녁에 신발도 하나 사줘야 될 거 같고, 우리 딸 가는데 가방도 사줘야 될 거 같고…. 필요 없다고 그랬어, 본인은. 집사람하고 같이 이제 마트를 딱 가가지고, 어차피 캐리어도 하나 있어야 되는데 애들이, 옛날에, 생전 우리는 캐리어 하나 없었으니까. 캐리어도 하나 그때 나온 거, 집사람이 막 지도 그려져 있는 거 신상이라고 그거 하나 사고…. 신발 하나 사면서 또 이제 사진 찍어서 보냈지, 엄마가 "여보, 사진 찍어서 보내봐" 그래서 갖고. [사가지고] 와서 마음에 드니 안 드니 툴툴거릴까 봐서 찍어주니까, 걔는 또 찍어서 보내면 "알아서 사 와" 이런 식이지. 그러다가 "보고, 계집애 한번 보고 이야기해 봐" 그러니까, 이제 보고 "이거 이렇다" 해가지고 색상에 맞춰서 딱 하나 사가지고 가지고 갔죠. 가져와 가지고 가방에다 넣을 거 다 정리하고 준비하고 다, 준비 다 해놓고… 진짜 준비 다 해놓고 기다렸어요. 아침에 차에다 태워가지고 학교 앞에 탁, 그 교회에 그 현탁이, 현탁이네 세탁소 앞에 내려놓으니까 해인이가 나오더라고. "야, 해인아. 잘 갔다 와라", "네, 안녕하세요" 그러더라고. "잘 갔다 와, 해인아. 가면서 문자하고 잘 도착하면 또 아빠한테 전화하고 그래" 그랬지.

면담자　　　윤희도 엄청 속상해했겠네요?

윤희 아빠　　좀 잘 안 보이죠, 이런 거는. 우리 윤희 별명이 까스돈이야, 거꾸로 하면 돈까스. 돈까스 좋아하고 그러니까. (면담자 : 아버님이 맨날 그렇게 부르시나요?) 까스돈, 까스돈 그러는데… 그러면서 막 뽀뽀하고 막 귀찮게 하지. 그러면 "하지 마" 이러는데 지금도 그 모습이 선하지. 그래도 큰놈은 큰놈이야. 여자가 됐든 남자가 됐든 큰애하고 둘째하고는 확실히 차이가 나지, 생각하는 거 자체가. 아빠도 많이 이해했던 거 같아. 엄마하고 싸울 때도 보면 눈치도 좀 보고, 둘째는 그런 거 없는데. 부부지간에 안 싸울 순 없잖아요. 싸우면은 애들이 좀 위축이 되거든. 그런 점에서는 이제, 그렇게 싸우지는 않았으니까, 그래도 아빠하고 엄마하고 또 뭐 싸웠을 때는 아마 자기들 나름대로 좀 트라우마가 있었을 거라고.

면담자　　　윤희 별명 하니까 생각이 나는데, 친구들 사이에서도 별명이 있었다고 하더라고요?

윤희 아빠　　나 친구들 사이에서 별명은 잘 모르겠네.

면담자　　　『416 단원고 약전』에 보니까 불량감자라는 별명을 친구들이 붙여줬다고 하더라고요.

윤희 아빠   아, 그 불량감자 그림이 있어요. 내가 그림 잘 그렸다고 했잖아. 그 그림 그려놓은 게 내가 지금 보관함에 있어. 새우깡 봉다리 보고, 불량감자 봉지 보고, 그 봉지 그대로 그린 그림. 내가 그래서 그림을 좀 잘 그린다고 생각했던 게 뭐냐면 잘 그려놨더라고, 너무 잘 그렸더라고. 그래서 그런지 학급 내에서 별명은 잘 모르고, 내가 부르는 것만 이제 그렇게 생각하고 있었네.

면담자   둘째는 아버님이 부르시는 별명 있었나요?

윤희 아빠   꼴뚜기, 어물전 망신시키니까. 언제 튈지 모르니까 꼴뚜기라고 그랬어요.

면담자   애정이 듬뿍 들어 있는 별명이네요. 쉬기 전에 마지막으로 여쭤봤던 게 수학여행을 준비하는 그때 상황을 여쭤봤는데요. 아버님 일은 많이 안 바쁘신 때였어요?

윤희 아빠   그때 수학여행 준비할 때가 제가 회사에서, 저희가 화성이 본사고, 본사인데 저희 천안공장이 또 있어요, 천안공장. 쌍용자동차 쪽에 부품을 납품하는 천안공장이 있어 가지고, 천안공장에 라인 깔아놓은 게 있어 가지고 출장을 다닐 때야. 15일 날, 매일매일 출퇴근하면서 천안으로 매일 왔다 갔다 했으니까, 그러는 과정에서 15일 날 갔다 와가지고, 우리 윤희는 "야, 신발 사고 뭐 하고 가방 하나 사고 해야지" [했지]. 걔는 그런 것도 별로 좀 관심이 없는 애야. 그냥 이거 메고 가면 되니까, 쬐끄만 거 메고 가도 된다고 생각하니까. "아니야, 이거 해가지고 가야 된다" 사주고 그다음 날 아침에 내려주고….

천안 가는 과정에서, 천안을 가고 있는데 거의 그 우리, 그 천안 공장을 다 도착했는데 "야, 라디오 한번 틀어봐라", 라디오 틀으니까 인천에서 제주 가는 배가, 수학여행 가는 배가…. 그렇게 안 들었어, 처음에는. 나는 운전하고 있는데 "야, 뭔 인천에 무슨 배가 어떻다던데? 다시 함 뭐냐?" 그랬더니 우리 앞에 탄 애가 "형님, 평택에서 제주 가는 배가 지금 사고 났다는데요?", "야 이 새끼야, 평택에서 제주 가는 배가 어디 있어. 핸드폰 쳐봐". 핸드폰 딱 해가지고, 핸드폰 딱 여니까, 애가 핸드폰 여니까, "형, 인천에서 제주 가는 배라는데? 단원고라는데?", "아, 큰일 났다, 큰일 났다. 우리 딸내미 그거 탔는데", 본사 담당자한테 전화만 해놓고 차 돌린 거예요, 그냥.

돌려가지고 애를 회사에다 내려놓고 올라오니까 여기서 이제 11시인가 된 거 같아. 그때 이제 사람들 막 모여가지고 막 내려간다고 버스 불러놓고 있는데, 집사람 전화 와가지고 빨리 오라고, 나보고 윤희 옷 좀 가지고 오라고. 그때는 구조됐다 그랬으니까 막…. 옷 좀 가져오라고 그러는데 "이 사람아, 지금 급하니 가서 사자" [그러고는] 차[를] 한쪽 구석에다 처박아 놓고, 누구 있나 이렇게 사람들 찾아보고 [했는데], 오니까 집사람 먼저 내려가 버리고 [없더라고요]. "어디 있어?" 가고 있대. "그다음 차로 와" 그러더니 그다음 12시 그 차를 타고 내려가다 보니까, 자꾸 갈 때마다 뉴스를 보는 순간마다 자꾸 줄어드는 거야, 사람들이.

이 자식들 "전원 구조했다" 그러는데, 전원 구조는 못 하고…. 그 순간에 탁… 방송에서, 그 "기다리라"고, "움직이지 말고 기다리[라]", 학생들한테 "움직이지 말고 그 자리에 꼼짝 말고 대기해라" 그런 애기를 들었을 때, 우리 딸은, 이제 우리 딸은 '지금 여기서 우리 딸이 밖에 나와서 바닷속으로 뛰어들지 않는 한은 생존할 수 없겠구나' 생각을 많이 했어요. (면담자 : 그때부터 그 생각을 하셨어요?) 나는 버스 타고 내려가면서부터 그 생각을 많이 했어요. 왜, "기다려라" [하지], 인원수 자꾸 줄어들지, 그때 나는 그 생각을 많이 했어요. 왜냐면은 선생님이 가만있으라면 그냥 가만히 있을 거니까. (면담자 : 아이 성격상 또 선생님 말씀 잘 따르니까?) 성격상, 성격상 100프로니까. 아마 그 자리에 그대로 있었을 거 같아요. 물론 그 자리에 가만히 있었으니까, 거기서 [그렇게 주검이 되어] 나왔지만…(한숨).

면담자　　　전날 기상 상황이 좀 안 좋았었잖아요. 윤희랑 15일 저녁이라든지 그때 좀 통화는 안 하셨어요?

윤희 아빠　　　15일 날 저녁에 전화하라니까 안 받아가지고, 문자를 보내니까 "나 지금 출발했어" 출발 시간이 넘은 거 같은데 출발을 못하고 있대. 그때 2시간인가 이제 못 가고 있었어, 안개 끼고 그래 가지고. 그때 5시에 출발하기로 했었나 정확하게 나도 기억이 안 나는데, 7시까지 있다가 배를 탄 거 같은데…. 그때 나한테 문자 딱 하나 온 게, 나한테 "아빠, 나 수학여행 안 가면 안 될까? 좀 데리러 오면 안 돼?" 그게 참 많이 걸렸어요(침묵). 그때 데리러 갔어야 되는데…. 그리고 난 다음에 이제 한, 한 9시 정도 된 거 같은데 "가고 있다"고 그러더라고요. "지금 가고 있어", 21시 정도 된 거 같은데 가고 있다고, 출발해서 가고 있대. "알았어. 가면은 밥 잘 먹고, 도착하면은 아빠한테 전화하고. 좋은 꿈꾸고 친구들하고 재밌게 사진도 찍고 그래", 그게 마지막이었으니까.

면담자   윤희는 집에 다시 오고 싶었던 이유를 얘기했었나요?

윤희 아빠   기다리고 그러니까 짜증 나고 그랬었나 봐, 가기 싫었나 봐. 근데 그 전부터, 내가 가방 샀을 때부터 좀, 수학여행 그 가는 거 왔을 때부터도 '안 갔으면' 하는 그런 마음을 가지고 있었어. 애가 가기 싫어하는 마음 갖고 있는 것 같더라고. 어거지로 떠다민 거 같아요. 내가 고등학교 때 수학여행을 안 갔거든요, 수학여행을 안 갔어. 수학여행 갈 돈 갖다 다 갖다 다른 데 써버리고 술 먹고 그래 가지고 수학여행을 안 갔어, 내가. 그래서 추억도 없고, 많이. 나는 학교 다닐 때 추억이 없어요. 추억 자체를 싹 묻어버렸어, 완전히 그냥, 친구들 만나지도 않고.

8
참사 당일부터 아이를 다시 만나기까지

면담자   그래서 윤희는 학교에서 추억을 좀 쌓기를 바라셨던 거네요.

윤희 아빠   그래서 가보라 그런 거예요(침묵). 그 문자가 마지막이었어. 그리고 난 다음에 계속 전화해도 전화 안 받지, 어떻게 전화를 받아. 이후에 통신은 두절이 되고…. 내려가지고 막 뛰어가지고 진도체육관에 도착하니까 생존자 명단을 보게 되더라고. 눈을 씻고 보게 됐어. 한 번 보고, 두 번 보고, 세 번 보고, 네 번 보고 다 봐도 내 생각이 맞은 거야. 윤희 없어. 물론 마음에 결심을 했지만…. 역시 그놈이 밖에 나와가지고 있을 놈이 아니고 아마 안에서 자기 친구들하고 같이 있었을 거 같은데, 선생님이, 방송은 하지, 선생님이 "얘들아, 여기서 기다려. 나가지 말고 꼼짝 말고" 그랬더니 꼼짝 말고 그대로 기다렸던 거 같고(한숨). 도착해 가지고 진도체육관에 그거 쳐다보고 있을 시간이 없었어.

그거 몇 번 쳐다보고 난 다음에 우리 후배가 하나 왔는데, 그때 친구 다혜 아빠 정재순이라고. 재순이 동서가 내 친한 후배야, 또. 그놈이 이제 차를 끌고 와가지고 거기 와 있어서, 걔하고 "야, 병호야 팽목 가자", "갑시다, 형님" 그래 가지고 걔가 후배들이 와서 태워 가지고 팽목에다 내려줘 가지고, 팽목항 입구에 가니까 벌써 수빈이 아빠하고 그 앞에서 마이크 잡고 막 떠들고 있더라고, 다들. 개인적으로 배 타고 들어간 사람도 있었지만 공식적으로 들어간 사람이 하나도 없었으니까. (면담자 : 들어갈 수가 없었죠) 들어갈 수도 없었고, 어선 빌려서 들어간 사람들 그 근처까지는 갔었고, 가봐야 그거밖에 못 봤고. 그래 가지고 거기서 가만히 지켜보고 있는데 해경들 와서 뭐, 그때 해경들도 막 온 것도 아니고 우리 가족들만 막 모여가지고 웅성웅성하고 있었고, 해경들 몇 명, 국장들 몇 명 와가지고 앉아 있는데….

그쪽 안쪽 상황을 알 수가 없잖아, 우리가. 알 수가 없다 보니까 이제 그거 가지고 아빠들이 "우리 거기 좀 알 수 있게 방송 좀 해주면 안 되냐? 지금 배 상황이 어떻게 돼 있고, 지금 잠수부가 몇 명이 어디 일을 하고 있고, 지금 애들이 살아 있을 가망이 있는지 없는지 그것도 좀 모르겠고. 방송이라도 해주면은 우리도 마음 편할 게 아니냐" 그러고 있는 판에, 내가 지나가다가 또 우리 김철민 안산 시장을 만났어. 안산 시장한테 "저기 시장님이 가가지고 말씀 한마디 해주시면 안 되냐? [팽목항] 여객선 대합실에 있는 마이크 그걸로 해서 안쪽 상황을 좀 알려달라고 얘기해 주시라"고 그랬더니 "알았다"고 그랬는데…. 이야기했는지 안 했는지는 모르겠지만, 좌우지간 그야말로 왔다 갔다 바쁘고….

그러고 난 다음에 조금 있으니까 친구가, 삼호중공업에 친구가, 고등학교 동창이 있는지 몰랐어. 어떻게 알게 돼가지고 전화를 하니까 "네 딸이 거기 있었니?" 그러더라고. "나 지금 내려왔는데 아무것도, 속옷이고 뭐고 아무것도 없으니까 네가 좀 준비해 갖고 와라", "어, 거기 그 우리 직원들이…", 삼호중공업이 제일 먼저 또 식당 차렸어요. "거기 우리 직원들 있고 그래 가지고 교대로 나가야 된다"고, "갈 때 내가 가지고 가마" 해가지고 그 친구 도움도 많이 받았고….

그날 저녁에 해경에서 "배가 나간다" 그러더라고. 그래서 나하고 몇 명이서 제일 먼저 타고 나갔어요. 제일 먼저 타고 나가가지고, 해경에서 그때 배가 한 번에 나가는 게 아니라, 단정이 와서 해경 배, 123정 같이 큰 게 있고 약간 좀 작은 게 있는데, 수심이 낮으니까 큰 거는 못 들어오고 작은 거 타고 30분 정도 나가서 큰 거로 옮겨 타고 두 번 옮겨, 두 번을 태워서 갔으니까. 한 2, 30명 간 거 같아요. 그래 가지고 2, 30명 타고 들어가는데 목포경찰서 정보과 형사, 정보과 애들을 밖에서도 봤지만 있더라고. 하도 내가 뭐라 그랬더니 그 다음부터는 지나다니면서 아니까, 얼굴 아니까 인사를 해. 배를 타고 탁 들어가는데, 진짜 그, 거기까지 가는데 보니까, 그때가 저녁 한 9시 정도 됐을 거 같은데, 하늘에 떠다니는 거는 조명탄만 떠다니고…. 내가 그랬었죠, 배는 거꾸로 선수만 나와 있는 상태고, 배가 500척이 있고 뭐 잠수부가 막 몇, 100명 가까이 된다 그러는데, 가서 보니까 물속에 들어가는 놈 하나도 없고, 배도 그렇게 많지도 않고…. 완전 그냥 뺑만 쳐놓고 그냥, 아무것도 작업하는 게 없었어. 해경특공대 단정 몇 개 왔다 갔다 하고 있는데 물속에 들어가는 거는 못 봤고. 그다음에 배들, 해경 배들 떠 있는데 200척 아니라 내가 봐도 몇십 척도 안 되는 거, 한 20척도 안 되는 거 같은데요.

'야, 이놈들이 구할 생각 자체가 없나보구나' 내가 그래서 정보과장한테 물어봤더니, "야, 왜 밤중에, 오밤중에 저렇게 조명탄을 쏘냐?" 낮에는 햇빛에 반사되기 때문에 시신이 떠올라 오면은 못 본다는 거예요, 밤에가 더 잘 보인대. 조명탄을 쏴가지고 그때부터 이제 이렇게 떠서 올라오는 사람들 이렇게 건져내기 시작했다는 거예요. 16일 날 저녁이지. 갔는데, 물 탁 들어가서 거기 보니까 물살이 엄청나게 빠른 거예요. 물살이 너무 빠른 거야. '야, 이 물살에 진짜 이거 사람들도 들어가서 작업하기 힘들겠구나' [하고 생각은 했었죠]. 근데도 작업도 않고 있지…. 그러니까 거기 가서 뭐 우리보고 더 기다릴 시간을 주나, 우리가 가서 배를 막 들고 나올 수도 없는 거고. 한 30분이나, 40분 정도 있었던 거 같은데 쳐다보고 그냥 눈물만 흘리고 있는 거야, 눈물만. 그러고 나서 돌아오는데 나는 '진짜 우리 딸은 절대 살아서 돌아올 수 없다' 포기했는데도……(한숨).

면담자　　　그때 어머님은 어디에 계셨어요?

　　집사람 밖에 있었고. 그다음 날 가족들이 이야기해 가지고. 조도 왔다 갔다 [하는] 연락선을 빌려가지고 다시 들어갔어요. 다시 들어갔는데 잠수부들도, 민간 잠수부들도 와가지고 진짜 애들 구한다고 아주 열심히 막 설치고 있는데, 실제 보면은 이 관에선 제대로 움직임도 없었고. 진짜 한편으로는 아쉬운 게 뭐냐면은, 막 뉴스에 나올 그런 시점에서 대통령이 아니면 국무총리라도 확 결단을 내려가지고…, 대한민국 특수부대 애들이 한두 명이냐고. UDT가 됐든 공수가 됐든 해병대 특수부대가 됐든, 애들 헬기 태워갖고 쏟아 집어넣었어야 돼. 밧줄로 막 엮어가지고 도르래 엮어갖고는 끌어, 집어넣어서 막 바다에 던졌어야 된다고. 그러면 거의 다 구했어요, 그 시간이면은. 내가 그래서 삼호중공업 있는 친구한테 물어보니까 해상크레인이 3000톤인가 4000톤짜리가 자기, 목포에 있대. 근데 그게 우리 마음이 그런 거지만 그거라도 와서 넘어가는 데다 걸어갖고 잡고라도 있었으면 하는 그런 바람이 있더라고요. 말 그대로 쉬운 건 아니지만 그런 마음이라도 있었어요.

　　뉴스는 계속 봤잖아요. 똑같은 뉴스 계속 나오는데, 헬기 하나 떠가지고 안에 들어가 가지고, 누가 들어가 밧줄 타고 들어가는 놈 하나도 없잖아. 그러면 대한민국 특수부대 한두 명이냐고. 다 잠수할 줄 알고 다 할 줄 알아, 걔들. 막 쏟아부어 가지고 애들 막 끌어당겨서, 막 줄을 엮어갖고 끌어냈어야 된다니까. 전혀 그러고 싶은 마음이 없었던 거야. 그다음 날 아침에 딱 들어가는데, 연락선 타고 들어가는데 내가 이렇게 이렇게 바깥에 보고 이렇게 있었더니, ≪조선일보≫에서 찍었더라고. 참 어이가 없어서 말도 안 나오는…. ≪조선

일보≫가 나를 찍어가지고 이제 아는 사람들이 봤다는 거야. 나는 처다보지도 안 했어. 찍힌 것만 보고, 그냥 기사가 어떻게 썼는지 모르겠지만 관심도 없었고, 거기에 관심 둘 틈도 없었고.

근데 옆에 같이 가는데 동혁이 아버지 영래라고 있어, 김영래 씨. 이놈의 자식이 옆에서 어떻게 울어 제키던지. 근데 나는 "야, 동혁아 이리 와봐" 기관실 옆에 뭐 소파 있었거든. "여기 앉아라. 그만 울어라. 울어서 뭐 하냐 지금. 그만 울어" 근데도 이놈이 엄청스럽게 우는 거야. 근데 그게 또 부러운 거야 저렇게 울 수 있다는 게. 가서 보니까 배는 그대로 있지, 그때 우리 가족들이 이야기해 가지고 "혹시라도 에어포켓이 있을지 모르니까 구멍 뚫어서 공기라도 주입해야 되지 않느냐" 그런 얘기 나오고 있을 때고…. 갔다가 잠깐 그것도 한 30분 정도 본 거 같네, 똑같은 상황 보고.

근데 그거 타고 딱 이렇게, 배 타고 딱 들어가는데 해경 본함이 여기에 딱 있어요, 2009함[3009함]이. 그때 아마 박근혜가 진도에 온다고 했을 때야. 나는 몰랐었어. 근데 들은 얘기로 4시 정도 온다고 했대. 근데 우리 배가 들어가 있는데 잠수하는 애들은 없었고, 그때까지도. 여기서 보트 단정이 하나 쫙 하나가 와, 두 대가 가더라고요. 딱 보니까 파란 담요가 보이길래 '아 누구 하나 또 건졌구나' 담요에 쌌으니까, '누구 하나가 물속에 들어가, 떠올라 온 거 건졌구나' [했어요]. 근데 이 자식들이 보트 두 개 딱 붙여놓고 그냥 올라가더라고. 하나가 올라갔으니 한 놈이 밑에서 잡아다가 끌어올릴 줄 알았더니 그냥 놔두고 다 올라가는 거야. 그때 난 그 이유를 몰랐지. '왜 시신을 저기다 놔두고 그냥 올라가지?' [했지], 내 생각에.

조금 있으니까 헬리콥터가 와. 박근혜가 그렇게 온 거야. 박근혜가 와가지고, 딱 오니까 전부 다 다 서가지고, 도열해 가지고 나중에 봤을 거예요. 민간 잠수사들 뒤에 있고 박근혜가 악수하고 있는 거. 그때 보트 두 개가 둥둥 떠 있는데 거기에 시신 하나가 담요로 둘러싸여 있고. 딱 그때 그 순간에 생각했지. '야, 대통령 떴구나. 근데 저 시신을 저렇게 팽개치고 그냥 올라가 버려? 상놈의 새끼들' 대통령이 문제야 지금? 물속에 들어가서 애들 지금 구해도 몇 명이라도 구할 수 있는데, 물속에 들어가는 건 아무것도 없고. 물속에 들어가려면 무슨 장비가 있어야지. 일반 스쿠버 장비 갖고는 안 되는 거고. 쉴 수 있는 바지선도 있어야 되고, 거기에 [감압용] 챔버[체임버]도 있어야 되고, 거기에 잠수부들 편하게 쉬고 들어갈 수 있…, 그냥 일반 스쿠버가 아니라 말 그대로 머구리가 있어야 들어가도 오랫동안 작업을 하는데, 그런 것도 아무것도 준비 안 돼, 준비할 사람도 없었는 거 같고.

대통령 오니까 대통령 다 그거 하느라고 작업 다 중단해 버리고, 사열하고 앉아서 "고생하라", "고생하라"고 벌써 한두 시간 까먹고. 우리도 이제 시간이 지나서 배 타고 나왔지. 이제 내려가 가지고 진도체육관을 갔어. 진도체육관을 가니까 이제 박근혜가 그쪽으로 온 거야. 진도체육관 막 도착해 가지고 안으로 들어가니까 대통령, 내가 살아생전 대통령 눈앞에서 이렇게 가까운 앞에서 보겠어요? 〈비공개〉 그냥 난 앞에서 쳐다보기만 했어. 성질은 나는데, 입에서 막 욕이 나올까 봐서 참고 있었는데, 그냥 보고만 있었던…. (한숨 쉬며) 아무런 희망을 주는, 대답을 해주는 게 없더라고. 진작부터, 본인 자체가 모든 걸 다 놓친 거야. 대통령 7시간은 분명히 밝혀져야 되는 거고. 그렇지 않았으면, 내가 얘기했잖아요, 특수부대라도 쏟아 부었어야 된다고. 와가지고 얘기하는데 아무것도 눈에 들어오는 게 없어요. 눈물은 막 또르르 흘리는데 '저걸 내가 믿어야 돼?' 믿을 사람이 아무도 없었어요. 대통령도 못 믿겠더라고요, 솔직히.

그 얘기 잠깐 하고, 진짜 희망적인 얘기라도 주고 갔으면, 희망적인 얘기도 주지도 못하고. 말투나 그나마 뭐, 우리가 말투는 몰라도 그런 것도 아니고…. 좀 가슴에 닿게끔 막 모가지 터지게라도 해가지고 힘내라고 막 안아주고 했어야 되는데 그런 것도 없었어. '야, 저기다가 뭘 기대를 하겠니?' 쳐다보다가 사람들 막 이야기하길래, 나와가지고 "야, 다시 팽목 가자" [해가지고 팽목으로 가버렸지요]. 17일 날이니까, 17일 날 저녁부터 내가 팽목항 입구에, 텐트에 자리를 잡았어요. 팽목항 입구에 부두에서 이렇게 들어오는 길이 있어. 여기에 텐트가 하나, 둘, 셋, 네 개가 있었어. 여기 두 번째 텐트를 잡고 있었고, 이쪽에다가 애들 시신 안치소를 만들었어.

두 번째 텐트에 가니까 지금도, 그놈도 내가 보고 싶지만, 한 놈 거기 와서 자리를 잡고 있더라고. 그래서, 근데 걔가 잘 알더라고. "나 여기 가족인데 여기서 좀 같이 있으면 안 될까?" 그래 "아유, 그리세요" 인사하고. 그동안 그 친구 여기서 어제 잠수부들이 와서 같이 잠을 잤는데, 이야기를 많이 했는데, 지금 잠수부들이 쉴 수 있는 자리도 없고 잠수부들이 당장 들어가서 작업할 수 있는 공간도 없고 하다 보니까 자기들끼리 여러 가지로 연구를 많이 했더라고. 밖에 돌아다니다 요만한 쪽지가 하나 떨어져 있길래 보면 배 이렇게 모양 그려져 있고. 잠수부들이 유도줄이라 그러죠. 줄을 걸어야 돼요, 쭉 쭉

쪽. 몇 라인을 걸 것인가 자기들끼리 상의를 해가지고, 유도줄을 걸 수 있는 그림까지 그려가지고 자기들끼리 막 열심히 상의를 했더라고. 그거를 내가 이제 주워가지고 내가 갖고 있어, 지금도. 그러면서 "저녁에는 또 아마 올지도 모른다" 그래서, 나 그냥 여기서 있을 거니까 "그래요" 그래 갖고, 따지면 내가 형님이니까, 나하고 다혜네하고.

면담자 대화를 하신 분은 잠수부셨나요?

윤희 아빠 아니에요, 개[그 사람]도 이제 거기로 온 거예요, 일반인. 그러고 있으니까, 저녁때쯤 되니까 거기서 만난 사람인데 한 사람, 두 사람이 또 어디서 만나갖고 개들이 또 이야기를 해주더라고. 그때, 그때는 그다음 날이구나. 그다음 때 남겨놓은 쪽지도 그렇고 우린 거기서 자리 잡기 시작해 가지고…, 있으니까 조카가 왔어, 김성훈이라고 팽목지기. 김성훈이가 조카인데 개가 이제, 개가 아니라 개 동생 김성곤이가 왔었어. 성곤이랑 우리, 내가, 삼촌네가 그랬다니까 와가지고, 개 또 진도에 살았으니까. 와가지고 옆에서 "아이고 어떠세요?" 개들이 와서 이제 옆에서 심부름도 해주고, 마음도 잡아주고.

그러는 과정에서 내가 딸내미 또 혼자 있으니까, 집사람 내가 "여보 당신 올라가. 당신 올라가고 여기는 내가 알아서 지켰다가 내가 알아서 챙겨서 갈게" 집사람을 내가 올려 보냈어. 하여간 어떻게든지 달래갖고 올려 보냈어. 그래 가지고 4월 17일, 18일부터 내가 자리 잡았으니까. 그때 팽목 저기… 18일 날, 18일 날 오후 정도 팽목 거기, 나도 기억력이 정확히 없어. 그래 가지고 팽목 입구에서 막 아빠들이 마이크 들고 계속하고…. 그때는 해경이 있다가 자리를 터미널 안쪽, 여객실 안쪽으로 옮겼거든, 상황실을. 상황실을 옮겨가지고, 그쪽으로 옮겨가지고 남자들은 거기 모여서 계속 이야기, 마이크 들고 이야기하고 막 떠들고 막 그러고 있는 상태에서, 난 다시 텐트 쪽으로 돌아오다 보니까, 내가 알기로는 지금 봤을 때는 공우영, 잠수사 공우영 씨 같아요. 공우영 씨 같은데, 나오는데 막 바다에서 나오시더라고. 막 쫓아갔지. 국내 방송이 아니라 NHK나 이런 데서 와서 이제 인터뷰를, 일본 놈[이] "인터뷰를 할 수 있냐?"고 하니까 인터뷰를 응해주시더라고.

그래서 옆에서 가만히 듣고 있으니까, 옆에서 듣고 있다가 "아니, 저 잠수사 님 지금 잠수하고 있습니까, 아니면은 어떻게 돼 있습니까?" 그랬더니 잠수할 수 있는 "기반 여건이 안 돼 있다"는 거예요. "바지선도 안 들어오고, 바지선 위에 챔버도 있어야 되고 다 있어야 되는데 그런 것도 없으니까, 가서 쳐다보고만 있지 물속에 들어갈 수는 없다"는 얘기지. 그 소리 듣고 대합실 쫓아가 가지고, "개새끼들" 탁상 막 정리하고 있는데 탁상 발로 다 차버리고 "야, 이 상놈의 새끼들아. 지금 물속에 들어가 가지고 잠수할 시간이 한참 넘었는데 바지도, 바지선도 안 오고 잠수부도 일을 못 한다 그러잖아. 그 사람들은 생업을 포기하고 와서 해달라고, 니들은 뭐 하는 거야? 해경 이 개새끼들아". 성질나 가지고 막, 탁자 치고 팍팍팍 치고 나왔지. 나와가지고, 밖에 와가지고 사람들한테 지금 잠수사가 뭐라고 얘기했는지 한번 떠들었어요. 그때 우리 예은이 아빠가 나한테 오더라고. "아이, 잠깐만 이쪽으로 와보시라"고, "지금 들어오고 있다"고. 그래서 그런갑다 했지, 그때. 나중에 그랬더니 조금 있으니까 언딘 바지가 들어온 거예요. 언딘 바지가 들어와 가지고 4월 18일, 내가 알기로는 4월 18일 저녁때부터, 4월 19일부터 해가지고 좌우지간 19일부터 24일 사이에 많이 나왔어, 애들이. 우리 윤희가 22일 날 나왔으니까.

그래 가지고 막 화가 나 있는 상태인데, 언딘 바지도 들어오고 막 하니까 어느 정도 그때부터 작업이 시작되는 거 아니에요. 그때는 이미 다 끝났지, 애들은. 그러다가 19일 날 저녁인가, 언딘 바지에 있던 애가 하나 나왔어. 걔도 이제 해병대 근무해 가지고 스킨스쿠버도 하는데 자원봉사 했다고 왔던, 강릉에 사는 주승석이라고, 지금도 내가 걔하고는 통화를 해요. 걔가 언딘 바지에서 잠수부 들어가면은 뒤에서 호스를 잡아줘야 되는데, 이거 옆에서 같이하다가 언딘에서, 언딘에서도 언딘 자체에서도 자기가 믿을 만한 사람들을 써야지 외부인을 써버리면 비밀이 새 나가니까 골라내 버린 거야. 애하고 여러 사람들 또 있어. 걔하고 둘이, 둘이 잘 알더라고. 와가지고 이제 안의 상황을 좀 이야기해 줘가지고. "안쪽에 지금 상황이 이렇다. 우리 같이 가서 봉사한다고 뒤에서 텐더[호스]라도 잡아주고 해주고 싶은데, 그냥 언딘에서 자기들 뒤에 데려온 잠수사들, 그 왼쪽에 또 자기하고 친한 사람들만 몇 명 대하고 나머지는 다 나가라고 했다" 실제적으로 배도 접근 못 하게 했으니까. 잠수부들이 배를 타고 나가면 못 들어오게 했으니까, 못 들어오게. 〈비공개〉

이제 그때부터는 누구한테 언딘 내의 상황을 알 수가 없었어요, 우리는. 그 사람들이 입을 꽉 다물어버렸으니까, 그때부터는 이제

윤희 아빠 진광영

잠수해서 구조하기 시작했으니까. 해경하고 언딘하고 이런 관계는 나중에 조금씩 나오기 시작했지만은 거기서 작업하면서, 뭐 예를 들어서 서둘러서 했다든가 중간에 뭐 대충 했다 이런 거 우리는 모르지. 그러고 난 상태에서 걔들이 와가지고 잠깐 이야기해 주길래 알게 됐고. 4월 22일 날, 보통 시신이 아침에 이렇게 시신이 떠오르면은, 아침에 되면은, 내가 알기로는 아침에 떴다 그러면 배에다 물도 빠지게 해놓고 다 사진 찍고 다 해야 돼요. 그러면 보통 오후에 한 번 들어오고 저녁에 한 번 들어온다고, 시신이 들어오는 시간이. 들어오면은 이제 안치실에 놓고 사람들이 들어가서 보잖아. 나는 평생 봐야 될 시신은 딱 아버지, 어머니 딱 두 분밖에 없다고 생각했는데 너무 많이 봐버렸어. 거기 들어오는 거, 들어오는 족족 다 봤으니까. (혀를 차며) 참⋯ 내가 그렇게 많이 볼 줄 몰랐어. 나중에는 무감각해지더라고.

22일 날, 22일 날 저녁에도, 그때는 이제 막 그 딱 그 선수, 선미 뒤쪽에 우리 애들 탄 쪽에서 많이 나왔으니까, 엄청 많이 들어올 때. 기대를 하고 있었지만 7시가 넘어가니까 '아, 이건 오늘은 우리 딸은 못 찾겠나 보구나' [싶었지요]. 7시 전이구나, 들어왔을 때가 이제 7시 정도 됐으니까. 그러니까 또 오더라고. 그래서 별로 이제 큰 기대도 없이 조카들이랑 같이 앉아서 담배 하나 피고 있다가, 들어가는 거, 하도 많이 들어가니 들어가는 거 보다가, 안으로 딱 들어가더니 한 바퀴 빙 도는데 못 찾겠어. 옆에 있는데 못 봤어. 근데 그 앞에 있던⋯, 그 친구 지금도 내가 참 보고 싶은 친구 중에 한 사람인데, 삼호중공업 그 식당 있는 데에 멍하니, 키는 큰데 멍하니 앉아, 혼자 이렇게 앉아 있기에, 내가 다가가서 "가족이야?" 그랬더니 학부모래. 그러면서 내가 이제 담배 하나 피고 서로 같이 이야기 좀 했지, 혼자 멍하니 있길래.

그때 돌아서 둘이 같이 들어갔는데 갑자기 그 큰 키가 우르르 탁 접혀서 막 우는 거야. 자기 딸인데 바로 이제, 바로 앞이었네, 제일 첫 번째가 자기 딸이었어, 나는 두 번째, 세 번째에 있는데. 이렇게 돌다 보니까 해인이도 보이고 애들 친구들도 막 보이잖아. 나가려고 하니까 다시, 다시 가다 보니까, 이렇게 다시 올라가서 이렇게 보니까 '우리 딸인가?' [했는데] 입고 갔던 옷이 아니야. 다시 또 내려갔다가 다시 올라가고, 다시 이렇게 얼굴을 보니까 우리 딸이야. 눈물도 안 나오더라고….

면담자   전광판에 이름이나 인상착의가 안 적혀 있었나요?

윤희 아빠   전광판이 아니고 그때는 이런 뒤에다가 쉽게 생각하면은, 갖다 종이로 붙이게 되어 있었어. 자, 몇 번째, 성명 미상, 옷 인상착의, 옷 입은 거, 그다음에 팔찌 껴 있다던가 뭐 이런 상태, 이런 거까지 다 해서 그걸 보고 찾으니까. 학생증 있는 애들은 이름 써 갖고 나오고. 보니까 딸내미더라고. 옆에 이제, 장례지도사가 옆에 있어요. 찾으면은 가야 돼. 내일 가도 되고 모레 가도 되고. 다들… (잠시 침묵) 손 한 번 잡아보고, 볼 한 번 만져보고, 뽀뽀 한 번 하고…. "우리 딸 추우니까 빨리 갑시다" [하고] 그냥 싸서 앰뷸런스 타고 온 게 내가 마지막이었을 거야, 거의 마지막, 그다음부터 헬기로 옮겼으니까. 앰뷸런스, 일산, 일산인가. 경기도권까지 가는 앰뷸런

스 타면서 내가 그 소방관 아저씨한테 이야기했지. 원래 한 사람이
뒤에 타야 돼요. "그러지 말고 피곤하신데 두 분 앞에 타세요", "그러
면 안 됩니다, 규정상", "나 좀 웁시다. 이때 아니면 울 때, 울 시간도
없을 거 같으니까 나 좀 웁시다" (울음을 터트리며) 그래 가지고 진짜
올라오는데, 뒤에서 우는데 소리도 못 내겠고….

　　울다가 졸다가 울다가 졸다가, 휴게실에 섰어. 화장실 들렀다가
휴게실에서 커피 한잔 마시고, 다시 타가지고 울다가 졸다가 하다
보니까 장례식장도 잡아야 될 거 같고. 보니까 이제 운동했던 선배
들 있으니까 전화 딱 했더니 군자장례식장 잡아놨으니 그리 오라고
하더라고. 4시 몇 분에 도착해 가지고, 장례식장에 도착해 가지고
딸내미 이렇게 안치시켜 놓고, (울먹이며) 잠깐 뒤에 가서 옷 좀 갈아
입고 씻고 넘어왔더니…. 그 전에 내가 텐트에 있을 때 뉴스타파 기
자 애들을 둘 데리고 있었어요. 거기서 기자들은, 기자라는 신분을
내가, 사람들이 다 싫어했어. 하물며 지금 우리 저 기자 핸드폰 없앤
다고 해가지고, 핸드폰 바닷속에, 바다에다 던지기도 했으니까. 뉴
스타파 송××하고 김××인가 둘이 아무것도 못 하고 있길래 내가
불러다가 "이리와, 여기서 있어봐. 보고 네가 여기 있으면서 보고,
본 거 사실 그대로만 써라" [했었어요].

면담자　　　　그래도 뉴스타파는 좀 믿을 만하다고 생각하셨어요?

윤희 아빠　　　아니, 나는 그 애들이, 그 애들이 첫인상이 둘 다 좋았
어. 나도 안 믿지만 그냥 첫인상이 좋아 갖고 애들이 좀 짠해 보였어,
솔직히. 첫인상이 좋았어. 그래 가지고 그 장례식 하는 날 송××가

71

왔더라고. 장례식 하는 날 왔길래 "딸이 저기 했는데 장례식장에서 절은 받지를 않습니다" 그랬어. "절하지 마세요, 그냥 꽃만 놓으세요" 그러면서 내가 이제 입관식 할 때도 뉴스타파 기자한테 다 공개했지. 연화장까지 가갖고 다 공개하고 딸한테 해줄 게 없으니까, 그냥 관에다가 글씨 써서, 우리 친구 놈이 또 글씨 써서, 그거 뉴스타파 애들한테 다 공개했으니까. 그렇게 해서 이제 들어갔어요, 장례식 마치고. 내가 힘들겠어요? 내가 힘든 게 아니라 집사람이 더 힘들지.

장례식 마치고 난 다음에 집사람 마음도 추스르고 어머니, 아버지한테 이야기하면 안 되니까 "이야기하지 마라" 해놓고 집사람은 여기 있고, 이제 우리 친구 다혜가 안 나왔으니까…. 그때 친구 놈이 이제 암 투병 치료 중이었고, 집에서 있었고, 삼성병원에 약 타러 와서 약도 타가야 되고 하니까 올라와서 있던 상태인데…, 딸하고 엄마하고는 거기 있고. "야, 내가 데리고 갈 테니까 기다리고 있으라"고, "잘 보고 있어. 재순아, 병원 약 받았니?" 받았대. 나보고 "장례 치르느라 고생 많았지?" 그러더라고. 그래서 "나만 하냐 인마, 너도 해야 되는데. 가자, 내가 태우고 갈 테니까. 네가 가야, 아빠가 가야 나올 거야, 아마" 그랬지…. 그 친구는 여기다가 주머니를 차고 있기 때문에, 항상 가다가 쉬면은 비우고, 비우고 해야 돼.

그래 가지고 나는 한 번 운전대를 잡으면은 진도까지 풀로 쏘는 사람인데, 가다가 휴게소 들렀다가 이 친구 정리하고, 휴게소 들르고 해서 진도 도착해 가지고 가니까. 그 텐트, 그 방 부둣가에 나오는 그 방을, 애들이 거기 있으니까 다시 거기 가서, 이제 그 방에 가서 대충 정리하고 밖에 나와서 이제 계속 확인하고…. 하다 보니까

28일 날인가, 28일 날, 말일 날 정도 돼서 나왔나, 다혜가. 그때 큰딸이 가서 확인을 한 거야. (면담자 : 아버님은 못 보시고?) 아니, 아버지, 어머니 봤는데도 아닌 것 같고, 그런 것 같고 딸이…. 그니까 인상착의 뭐고 다 없는데, 내 딸 아니라고 생각했던 건데 전부 다…. 그때는 이제 시신을 안 보여주고, 컴퓨터에서 사진 찍은 걸 보여줬단 말이에요.

근데 이제 애가 수학여행 갈 때 실팔찌를 하나 샀더라고, 이렇게. 그리고 [나서] 보고 찾은 거야. 내가 가서 컴퓨터에 가서 찾아보니까 피부가 이렇게 [얼굴 부분이] 벗겨져 있어, 피부가. (면담자 : 물속에 오래 있어서요?) 그렇지, 이제 어디에 긁혔든가, 다쳤든가. 물에 오래 있었으니까 피부가 벗겨나가 손상이 된 거야. 이렇게인가 벗겨… 눈을 감고 있는데 이렇게가 없어진 거야. (한숨 쉬며) 애도 같이 봤는데 가슴이 미어지지. 다른 애들은 깨끗이 나왔는데…. "야, 너희 딸 맞다. 내가 다시 보니까, 서너 번 보니까 너거 딸 맞다" 그때는, 저희 때는 그냥 시신만 [수습]해 가지고 올라왔는데 그때는 그 옆에서 관에다 넣어가지고, 그렇게 해서 그때부터 헬기를 떴어. 이 친구가 헬기를 뜨고 안산으로 올라온 거고. "먼저 올라가라. 나는 내일 올라가마", 헬기 띄워서 보내놓고 그다음 날 올라와 가지고 장례 치르는 거 같이 치르고. 장례 치르는 거 치르고 좀 이따가 이제 보니까 거의 다들, 우리 반 같은 경우는 거의 다 나온 거 같더라고. 거기서 누구를 만났냐면은 찬호 아빠 전명선 씨를 만났어요.

팽목항에서의 활동과 직장 복귀

면담자 장례식장에서요?

윤희 아빠 아니요, 팽목에서. 18일, 한 19일 정도는 된 거 같은데 그때 전명선 씨가, 명선이가 내려왔는데, 그때 사람들이 우왕좌왕하고 있는데 참, 우왕좌왕 여러 의견을 막 이야기하고 있는데 탁 뒤에서 손 들고 딱 이야기하는 거 보니까 이 친구가 참 논리정연하게 이야기를 하더라고요. 나는 이제 막 성격이 급하니까 성질내고 하면은 욕부터 나가는 사람인데, 굉장히 논리정연하게 이야기하더라고. 참 마음에 들었어. 그래서 대표도 찬호 아빠가 대표해야 된다고 적극적으로 주장했던 사람이야, 적극적으로 밀었었고. 그러고 나니까 올라와 가지고 있다 보니까 또 마음에 걸리는 거야, 찬호도 안 나오고 또 다른 사람도 있고 그래 가지고. 또 내려갔어, 차 끌고. 차 끌고 내려가 가지고… (잠시 침묵) 찬호 찾고. 찬호 찾고 내가 올라온, 찬호 찾고 그다음 다음 날인가 이틀인가 있다가 올라온 거 같아.

면담자 그럼 거기 계실 때 조카분들도 팽목항에 계셨나요?

윤희 아빠 걔들은 거기 계속 있었고. 하나는 저기 해야 되니까 김성훈이가 이제 그 텐트를 지키면서 지가 뭐 팽목지기가 되버린 건데, 내가 없더라도 걔들은 거기 있었고. 그러면서 이제 미수습자랑 같이 또 있으면서… 일장일단이 있어요. 좋은 일도 있었고, 나쁜 일도 있었고 그랬어요. 고생은 했는데, 고생했다고 좋은 소리 들었어야 되는데 좋은 소리도 못 들은 거 같고. 나 때문에 와가지고 거기서 몇 년 동안 그러고 있었으니…. 개인적으로 그 사람도 좀 힘든 게 있었어요. 개인적으로 힘든 게 있었는데, 그거를 정리를 하라고 내가 이야기했는데…. 저도 이제 자포자기 상태였는지 모르겠지만은 어떻게 이런 사건이 터지다 보니, 계기가 있다 보니까 열심히 나름대로 있으면서 이제 마음까지 같이 눌러 앉아서 있었던 거지, 개인적인 사정도 있었고. 나 때문에 와가지고 고생을, 고생 많이 했지. "그러지 말고 적당히 접고 네 일 찾아야 될 거 아니야" 이야기를 했지만 본인이 거기서 마음을 못 벗어나는데 뭐라고 할 거야. 사람들이 내 조카인지도 몰랐었고, 나중에는 알았지만.

면담자   성이 달라서 모르시는 거였었죠?

윤희 아빠   네, 나중에야 이제 안 좋은 얘기만 나한테 와서 하니까…. 그렇게 찾아갖고 올라왔었어요.

면담자   조카분들은 윤희랑 원래 자주 왕래했었나요?

윤희 아빠   큰일 있을 때 한 번씩. 이종 조카니까, 부천에 살았어도 뭐, 부천에 살았이도 자주 왕래는 못 하지, 큰일 아니면. 이렸을 때 집안 잔치 있고 그랬을 때는 가면 뷔페에서 만나봐야 뭐. 예를 들어 내가 어렸을 때 지들 보는 거하고 똑같은 거야. 그런 식으로 만났지.

면담자   그 조카분들 중에 한 분은 계속 계시고요?

윤희 아빠   하나는 가끔 왔다 갔다 하고, 걔는 가정이 거기 있으니까. 세상에 텐트 앞에 있는데 피자가 막 10판씩, 빵이 막 박스로 막 갖다주면 누가 먹냐고, 그거를. 막 굴러다닐 정도였으니까.

면담자   그땐 부모님들이 뭐 드실 수가 없는 상황이잖아요?

윤희 아빠   갖다 놓고, 갖다 놓고 가는 거야. 귀찮잖아, 그다음 날 다 버리는 거고. 그러면은 그 일하시는 옆 할머니들 오면은 우리도 한두 개만 먹지, 뭐 할머니들 다 드리고 나머지는 다 쓰레기에 다 처박았으니까. 쉽게 생각하면 통제도 안 됐고…. 팽목에 들어가는, 팽목항에 들어갈 때부터 신분증을 벌써 다 인적 사항 파악돼 가지고 들어오는 사람 구별했어야 되는데…. 딱 가족 두 사람만 들어오고, 친척 한 사람만 더 들어가면 돼요. 바닷가 통로에 차하고 막 기자들이고 뭐고 막… 오히려 더 정신이 없어, 더 정신이 없었어. '야, 이런 거 하나 통제도 못 하고 이렇게 되어 있나?' 그런 생각 들었어. 중구난방이었으니까, 어떻게 해야 될지도 모르겠고. 그러니까 뭐 이런 걸 옛날에도 겪어보고 그랬지만은 잠깐 지나가면 끝인 거야, 우리나라는. 양은 냄비 물 끓여가지고 식으면 끝나는 거야, 끓을 때뿐이고. 정말 '야 이건 진짜 죽도 밥도 아니다' 는 생각이 많이 들더라고.

   텐트에 있으면서도 진짜 답답하기도 해가지고, 텐트 뒤에다가 글도 막 쓰고, 막 매직으로 막 써서 놓기도 했는데, 그것도 내가 나중에 찢어가지고 왔는데, 그것도 어디로 갔는지 모르겠어. (면담자 : 무슨 글을 쓰셨어요?) 아프니까, 보고 싶으니까…. 그걸 쓰면 뭐 할 거야, 지나가는 사람이 쳐다보기는 했어도. 그러고 다혜네 찾으러 들어갈 때, 나 그때 다혜 아빠 데리고 내려갔어. 내려가 가지고 그다음 날인가, 다혜 엄마가 나한테 그러더라고. 우리 저 잠수부들 김치찌개 좀 끓여주러 가자고. "아니, 뭔 소리야 이 사람아. 그 안에서 다 하겠지", "그래도 우리가 좀 김치찌개라도 끓여주면은 그 사람들 힘 낼 거 아니냐" [하길래] 나 처음에 싫다고 그랬어요. "나 안 가" [그랬더니] "성훈아 가자" 그러더라고. 그래서 "안 가, 나는" (한숨 쉬며) 나 얼굴 좀 잠깐 씻고 올게요…. (면담자 : 네, 잠시 휴식하겠습니다)

(잠시 중단)

"김치찌개라도 좀 해줘" 그래 가지고…. 마침 그 선생님들이 내려오셨어. (면담자 : 담임선생님이요?) 단원고 선생님들이 내려오셨어. 그때 단원고 교장선생도 오셨었거든. 교장선생님 온지 몰라, 사람들이. 왔으면 난리 났을 거야 아마, 봤으면은. 저녁 늦게 와가지고, 저녁때쯤 와가지고 배 타고 나랑 또 들어갔구나, 같이. 아니다, 세 번째 배인가 정확히 기억이 안 나네. 일단 교장선생님들하고, 그때 우리가 김치찌개 좀 해달라 해가지고 선생님들 왔길래 "이렇게 우리가 김치찌개 좀 해주려고 하는데 이러이러한 재료를 준비해 줄 수 있느냐. 계란 뭐, 달걀 뭐 해가지고 준비를 좀 해달라. 내가 내일 저 배 타고 들어갈 때 가지고 들어가서 해주고 싶다, 언딘 가서" 그래 가지고 준비 다 해주기로 하고….

그날 저녁에 이제 누워서 자야 되는데… 밤에 있으니까 뭐 해. 소주나 있으니까 소주 한잔 먹고, 조카하고 또 다혜 아빠는, 이제 [다혜] 아빠도 술 못 먹으니까 누워서 자고. 같이 갔던 동서, 같이 앉아서… 그 동서도 내가 가장 좋아하는 후배지만, 같이 술 한잔 먹으면서 새벽 3시 반인가 됐는데, 막 텐트가 날아갈 정도로 바람이 부는 거야. 막 타다다다다, '야, 바닷바람이 이렇게 세구나. 우리 애들은 얼마나 추울까?' 이런 생각 들어가지고. (한숨 쉬며) 그래 가지고 안에서 종이에다가 글을 하나 쓰기 시작했어요, A4 용지에다가. 잠수부도 고생하니까 그 사람들한테 쓰는 편지를 썼어요. 그 편지가 나한테 지금도 있어.

'소녀의 기도' 이렇게 해갖고, 나는 글만 썼지. 마침 거기에 오신 단원고 국어 선생님이 계셔 가지고 "선생님 나 이거 좀. 이걸 잠수부들한테 내가 가서 한 장씩 나눠주고 싶은데 이거 좀 잘 좀 고쳐주시라"고. 가지고 가가지고 거기에다 '소녀의 기도' 딱 해놓고, 다 고쳐서 가져오셨더라고. "한번 보시라"고 그래서 [보니까] 딱 마음에 들어서 한 50장을 복사를 떠가지고 갖고 들어갔어요. 가지고 들어가 가지고 가자마자 다 거기 이제 저기 잠수부들, 언딘 잠수부들하고 경찰특공대들, 잠수부들, 군인들한테 다 나눠줬어, 화장실에도 하나 붙여놓고.

그러고 난 뒤에 아무 소리 않고 그냥 식당 딱 들어가니까, 아주머니 두 분이서 와서 했다는데, 하다가 너무 힘들고 그러니까 그냥 나가버리고. 자기들끼리 하는데, 피자가 막 쌓여 있는데 배고프면은 피자 쪼가리 하나 대충, 말라비틀어진 거 대충 렌지 돌려가지고 먹고 나가고 그러더라고. 가자마자 안 먹는 거 밥도 뭐, 들어와 있는데 막 싹 정리해 버리고. 그때 우리가 돼지고기 몇 근 수육으로 삶아갖고 간 거 해서 김치찌개 해가지고 막 주니까 좋아라 그러지 다들. 그런데 우리는, "내 자식은 저기 있지만 여러분들 고생하니까 먹고 힘들 내시라"고, "밥 한 끼 해드리려고 들어온 거고 고생하는 거 아니까".

윤희아빠 진광영

그때 마침 이광욱 잠수사가 들어갔다가 사고 나가지고 죽었었어요. "여러분들, 여러분들 안전이 중요하지, 우리 애들은 이미 다 죽어 있는데, 다치지 말고 천천히 하셔도 되니까 먹고 힘내시라"고, 김치찌개 끓여주고 계란도 삶은 거 갖다놓고, 과일도 갖다놓고…. 저녁에 한 끼밖에 못 해주고, 그날 저녁에 늦게 배 타고 나왔으니까. 나오고 나니까 그다음 날, 그게 이제 지성이면 감천이라고, 하늘에 닿는다고 그래서 다혜가 나온 거 같아, 그래서. 그래서 다혜를 찾은 거 같아. 그래 가지고 '사람은 역시 정성이 있어야 되는구나. 하늘도 감동을 하는구나' [싶더라고]. 근데도 사람들은 다 똑같아. 누구나 다 내 새끼가 먼저였으니까. 내 새끼 나오기만 쳐다보고 있었으니까.

그래 가지고 우리 성훈이가 그때 고생도 많이 했지. 우리가 데리고 있었지만은 고생을 진짜 많이 했어요. 가니까 음식물 썩어 비틀어진 거, 썩어가지고 밑에 있는데 누가 치우는 사람 없으니까 치우지도 않고 [해서] 우리가 빼고…. 음식 들어오는 거에 날짜 다, 날짜 적어서 오늘 들어왔으면 오늘 날짜 다 적어놓고, 다 해서 챙겨주고 하니까…. 그래도 그때까지 애들이 많이 나왔죠. 그나마 많이 나온 거예요. 엄청 많이 나왔어. 사사건건 이번 소송까지 얘기하려면 밑도 끝도 없는데…, 그냥 참, 그때는 새벽 3시, 5시까지 잠이 안 오더라고요. 잠이 안 오니까 자꾸 저게 우리 애들 울음소리로밖에 안 들렸어.

그리고 배 타고 들어가는데 가까운 줄 알았더니 그렇게 멀 줄 몰랐었어요. 금방 갈 줄 알았거든. 가니까 진짜 너무 물살도 빠르고, 내일은 내가 이제 동거차도 갔으니까 동거차도 이야기도 해주지만은,

그 꼭대기 올라가니까 저렇게 가까운 데다 애들을 처박았냐는 생각도 들어가고…. 이거는 박근혜 분명히…, 뭔가 확실히는 밝혀야 되는데…. 지금도 그래요, 솔직히. 지금도 많이 아쉬워. 우리 성훈이하고, 같이 처음에 있던 그 친구하고 그 앞에 있으면서 내 새끼라고 "찾았다"고 하면 [부모님들이] 실신을 해 막. "야, 너희들 우황청심환 준비해" 거기서 우황청심환 준비해 뒀다가 우리가 갖다가 이거를 먹여주기도 하고, "이거 먹이라"고 하고. [성훈이하고 조카] 애들이 다 했거든.

우리가 그 앞에 있으면서 그런 일 많이 했어요. 그냥 울면서 쓰러지니까, 거기다가 또 그나마 시신이라도 보거나 하면 뒤로 자빠진다, 벌렁벌렁 자빠지지. 제일 먼저 4월 17일, 16, 17일, 18일 날인가, 그 전에도 먼저 찾아가지고 나가는 사람도 있고 그때 이제 우리 9반 담임선생님 최혜정 선생님, 최혜정 선생님 아버님을 내가 매일 만나요. 거의 오늘 지금, 이따 약속 있어서 만나요, 같은 반이니까. 최혜정 선생님하고 그때 옆에 여학생 하나 있었는데 걔 이름을 모르겠어, 나는. 그때 처음으로 시신을 찾아가지고 나가버리니까, 찾는 대로 [목포]한국병원으로 가버리니까, 가기 시작하니까. 보니까 앞에서 이제 가족들 모여서는 우리도 대표도, 임시로 빛나라 아빠랑 수빈이 아빠랑 있으니까 "시신을 부모들이 확인하고 나갈 수 있게끔 해라" 해가지고 했던 게, 제일 그때 첫 번째 왔던 게 우리 최혜정 선생님하고 여학생 하나 있었거든요.

오자마자 옆에서, 나는 옆에서 봤어 이렇게. 진짜 그렇게 깨끗할 수가 없었어. 약간 파란 그 저체온증도 왔었고 청색증도 약간 오고, 약간 온 것 같지만 너무 이뻤어, 둘 다. 깨끗하게 잠만 자는 거 같았어. 뭐 물을 먹었으면 배가 이렇게 불렀다던가 해야 되는데 그런 것도 없었어. 너무 깨끗하더라고. (한숨 쉬며) 말도 없고…. 그 차를 우리가 막, 그렇게 하고 난 뒤부터 그 차 나가고, 우리 선생님 나갔고.

나가고 난 뒤부터 그때부터 이제 그 내 있던 텐트 옆에다가 시신 안치소를 만든 거야. 만들었는데 뭐 에어컨이 있어, 뭐가 있어? 부패할 수 있잖아. 드라이아이스, 처음에는 드라이아이스, 옆에다 드라이아이스를 쫙 깔아가지고 일단 오면은 부패 안 되게. 그러고 난 뒤에 이제 에어컨 들어오고. 다들 내 자식이 그러면 다 좀 미치지. 그냥 처음에는 한 번만 들어가고 말라고, 내 딸 들어올 때만 들어가고 말라고 그랬는데 매일 맨날 들어가서 다 보고 나오는 게 일이니까, 다. 가서 보면은 애들이 너무 이뻐요. 깨끗해(한숨) (침묵).

면담자 하루하루 지나면서 술도 많이 드시고, 잠도 거의 못 주무셨겠어요?

윤희 아빠 술은 제일 많이 먹었죠, 안 먹으면 잠이 안 오니까. 낮에 사람들 있는데 먹기도 그렇고 저녁에, 저녁때 되면 안에서 속도 터지고 그러니까 한잔씩 먹고. 먹어야 자, 못 먹으면 잠이 안 와. 먹으면 그나마 좀 잠…. 그러다 보니까 이제 막 날씨는 춥지, 옷도, 옷도 안 가져가 가지고…. 옷 가져간 게 있어야, 양말도 하나 가지고 일주일 신다가 친구 놈, 그놈 하나가 이제 양말하고 팬티랑 사 오는 바람에 입고 갈아입었지만…. 마침 뭐 그때 옷도 나눠주고 그랬는데, 옷 나눠주는 데 가가지고 옷 하나만 탔나. 후드티 하나 타가지고 그거 입고 계속, 딸내미 장례식 할 때까지도 그거 입고 있다가…. 그다음에 옷 갈아입고 또 한 일주일 있다가….

그냥 바깥에만 돌아다니고 하니까 어깨가, 내가 어깨가 많이, 어깨가 좀 아팠었어요. 어깨도 아팠었고, 또 체육관, 내가 체육관에서 하룻밤 잤구나, 콘크리트 바닥에서. 아이고, 자는데 사람들도 하도 많으니까 이리 돌아누울 수도 저리 돌아누울 수도 없고 허리도 아프고 막 다리도 아프고, 그래서 그냥 팽목으로 들어가 버렸던 거야, 계속. 애들하고 팽목에 계속 있었고, 체육관 상황은 잘 모르고…. 어떻게든지 틈만 나면은 한 번 더 보려고 생각을 하다 보니까, 배 타고 많이 나갔지. 헬기 타고, 헬기 태워달라 해가지고 헬기 타고 갈 수도 있었는데, 헬기는 못 탔고, 헬기는 이미 가버렸고. 진도군수가 이제 빵친 거예요, 그러니까. 그때 우리 빛나라 아빠가 "당장 여기 몇 명이라도 가서 지금 상황이 어떤 건지 봐야 하니까 헬기 좀 해달라" [했더니] 해준다고 했는데 헬기는 가버리고…. 그래 가지고 해경 123정인가? 저기 해경 함정 타고 들어갔던 거지.

면담자   아버님은 다혜가 온 후에는 팽목에서 올라오셨나요?

윤희 아빠   왔다 갔다 하고 또 내려갔어요. 내려가면, 이제 거기 가면 일주일 넘게, 2주 가까이 팽목에 있다가, 섬에 조카도 있고 [해서]. 그리고, 그래서 마지막에 올라올 때가 이제 찬호 찾고, 명선이 아들내미 찬호 찾고 난 뒤에 이틀인가 있다가 올라온 거 같아. 나머지 끝까지는 못 봐주고 이제, 나머지는 성훈이한테 "성훈아, 나는 여기서 올라간다. 이제 올라가니까 네가 좀 해라. 남들한테 욕먹지 말고 네가 좀 해". 그 뒤로 내가 4월 16일 날 그 일 있고 나서 10월 1일부터 직장에 다시 복귀를 했어요. (면담자 : 그동안은 일을 못 하시고?) 10월 1일부터 직장 복귀해 가지고…. 나는 남들보다 빨리 복귀한 거고, 복귀 못 한 사람들은 그걸로 직장생활 못 했으니까, 다. 복귀해 가지고 직장생활 하면서 이제 동거차도 갈 일 있으면은 가고.

면담자   아버님은 직장 복귀하신 후에는 동거차도를 주로 다니신 건가요?

윤희 아빠   청운동은 여기서 갔을 때 한 번 가고, KBS 한 번 가고, 그 뒤로는 이제 직장생활을 복귀해 버렸으니까 집사람이 계속 나갔고. 나는 이제 그것도 못 나가니, 미안하니까 반에 이제 반 당직 설 때라든가, 가서 당직 설 때도 이렇게 앉아 있었고, 그렇지 않으면 이제 동거차도 갈 때도 누가 가자고 하면 사람이 없으니까, 내가 먼저 제일 먼저 간다고 그러고. 동거차도 내가 세 번 갔다 왔나? 일주일씩 세 번 갔다 왔으니까.

면담자   회사 복귀하고 나서 일에 집중하기 힘들지 않으셨어요?

윤희 아빠   물론 그런 것도 있었지만 많이 빠졌어요, 또 일 있으면은, 또 빠질 수 있는 자리도 있었고. 내가 꼭 있어도, 있어노 되는 일도 있지만 내가 좀 빠져나가도 충분히 밑에서 얘기해 놓고 가면 다 하니까. 그래서 이제 회사에다가 미리 이야기했지, 내가 이런 이런 일이 있으면 나가야 되니까 일을 좀 해달라. 물론 회사 돈도 많이 받았고, 회사에서, 중소기업이지만 회사에서 돈 다 넣어주고 그랬으니까, 고맙지.

면담자   회사에서 좀 배려를 해주는 편이었나 보네요?

윤희 아빠   내가 거기 창업 공신이잖아. 많이 배려를 해줬죠, 고
맙기도 하고.

면담자   네. 그러면 참사 직후에 국회 방문이나 다른 활동은
하기 힘드셨겠네요?

윤희 아빠   국회는 한 번 갔었어요. (면담자 : 언제쯤 가셨나요?) 그
때 뭔 투표 뭐 할 때인데, 세월호…, 아니 저는 그냥 투표할 때 한 번
갔었어요. 정확하게는 모르겠는데 제일 첫 번째 갔을 때인데?

면담자   그럼 서명지 들고 갈 때 간 건가요? (윤희 아빠 : 서명지
들고 가기 전, 더) 더 전이요? 그러면 국회 농성할 때 계셨던 건가요?

윤희 아빠   농성할 때 그거 농성할 때, 농성할 때인가? 농성 전인
데, 또. 제일 첫 번에 국회 갔을 때가 있어, 한 번.

면담자   그러면 5월 말에 세월호 국정조사 특위 요구할 때 가
셨겠네요?

윤희 아빠   그런 거 같아요. 뭐 저기 뭐야, 투표하는 것 위에서 참
관했으니까. 그 전에 가족들 가 있었고 뒤차[로] 올라가 가지고 방청
할 때 그 무슨 투표하는 거 있었거든. 그때, 그때 간 게 국회 처음 갔
던 거 같아요. 그때 가가지고 그때 영석이 아버지가 내 옆에 담배 피
고 있었거든, 머리 이렇게 벗겨져 가지고. 난 우리 병환이가, 영석이
아빠가 이렇게 오래 있을 줄 몰랐어. 그래 내가 병환이를 좋아해. 병
환이랑 이렇게 친해질 줄 몰랐어. 제일 이뻐하지 솔직히.

면담자	그 전에는 모르던 분이죠?
윤희 아빠	전혀 몰랐지.
면담자	국회도 그 전에는 갈 일이 없으셨죠?
윤희 아빠	저희가 국회 갈 일이 뭐 있습니까. 저희는 교정 기관

이나 한 번씩 가면 몰라도 그런 데는 갈 사람들이 아니니까.

면담자	그럼 이제 2014년 7월에 광화문 도보 행진 하잖아요?
윤희 아빠	못 갔어요. 왜냐면 회사일, 안산시, 안산에서 하는 일

있으면 빠져나오는데 서울이나 이런 쪽에 있는 일은 큰일, 가까운
일 아니면은 [못 갔어요]. 또 가장 결정적인 원인이 뭐냐면은 어머니,
아버지가 계셨거든요. 부모님이 계셔 가지고 직장도 빨리 복귀했어
야 되고, 빨리 모든 사건을 다 갖다 감춰야 되는데, 어차피 감춘다고
해서 되는 거, 어차피 터지잖아요. 그래서 어머니, 아버지 때문에라
도 제가 빨리 복귀도, 직장도 빨리 복귀했고, 어머니, 아버지 때문에
빨리 저기 한 거 같기도 하고.

면담자	그럼 부모님께서 알게 되신 시점은 언제쯤이었나요?

윤희 장례식 하고 나서 말씀을 드렸나요?

윤희 아빠	장례 전에 동네 사람들이 이야기하니까 다 알게 됐지

뭐. 뉴스도 보고, 동네 사람들이 이야기하니까. "그 집 손녀도 거기
에 다니잖아?" 이런 얘길 하다 보니까 이제 알게 되니까 이제 매일
가서, 거기 가서 울고. 그때 항암 투병 중이셨거든. 암 투병하다가
직장에서 폐까지 오셨는데, 그때 직장암 수술해 가지고 잘됐었어.

잘돼가지고 집에 와서 있었는데 그때부터 이제 뭐 울고 불기 시작해 가지고, 하루도 안 빠지고 하다 보니까 결국에는 폐까지 전이돼 가지고 돌아가셨죠. 세상에 비밀은 없어요. 절대 비밀은 없는 법이거든. 조금이라도 심신의 안정을 찾으라고 안 알렸던 거뿐이지, 결국에는 아시니까. 우리 딸도 이뻐했거든, 우리 엄마가. 우리 엄마가 성격이 그래서, 우리 엄마 성격을 내가 물려받았어. 상당히 활발하시고, 대외적이시고 춤도 잘 추시고. 아버지도 대한민국에서 군대생활 해가지고 아버지, 어머니 지금 두 분 다 돌아가셔 가지고 현충원에 모시고 있잖아요, 지금.

면담자   할아버님이 요양병원에 계셨다는 얘기는 들었었는데 돌아가셨군요.

윤희 아빠   그 얘기는 내가 내일 해드릴게요. 또 이제 한 20분 돼 가는데 나도 여기서 걸어가야 되거든.

면담자   네, 그러면 오늘은 여기까지 할까요?

윤희 아빠   네. 내일 아니 제가 이야기하는 것도 그렇지만 물어보고 싶은 거 있으면 저한테 물어보시고.

면담자   말씀하시는 와중에 충분히 듣고 거기에 대해 질문할 부분은 여쭤보고 있어요.

윤희 아빠   내가 가서 찾아봐 가지고 우리 윤희가 불량감자 그 그림하고, 내가 다혜 엄마랑 같이 찌개 해주러 가면서 해줬던 그거하고 있으면 내가 사진을 찍어주든가 한번 보여드리도록 할게요.

면담자   내일은 2015년부터 2019년까지의 주요 사건들과 아버님이 활동하신 부분에 대해 경험과 기억을 여쭤보겠습니다.

윤희 아빠   아마 동거차도밖에 없을 거 같아요. 동거차도하고, 이제 내 가족적인 아버지… 어머니하고 아버지 이제 그 돌아가신 과정.

면담자   그리고 참사 이후에 아버님의 인생관이나, 정치관의 변화와 앞으로의 전망 등을 여쭤보도록 하겠습니다.

윤희 아빠   네, 수고했습니다.

면담자   오늘은 여기까지 하겠습니다. 수고하셨습니다.

2회차

2019년 4월 1일

1
시작 인사말

면담자 　　본 구술증언은 4·16 사건에 대한 참여자들의 경험과 기억을 기록으로 남김으로써 이후 진상 규명 및 역사 기술에 기여하고자 합니다. 지금부터 진광영 씨의 증언을 시작하겠습니다. 오늘은 2019년 4월 1일이며, 장소는 안산시 단원구 4·16기억교실 3층 교육실입니다. 면담자는 김세림이며, 촬영자는 강재성입니다.

2
참사 후 연속되는 사별

면담자 　　어제는 참사 당일부터 팽목에 계셨을 때의 얘기를 좀 해주셨고요. 오늘은 이제 그 이후의 삶에 대해서 말씀을 해주시면 됩니다. 아버님께서 김제가 고향이시라고 말씀해 주셨잖아요?

윤희 아빠 　　저희 아버지가 고향이 김제고 어머니가 고향이 이제… 어머니가 이제 무안 해제 사람이에요, 해제. 무안 분인데, 무안 분인데 일찍 서울에 올라오셨지, 다들. 어머니는 젊었을 때 광주에 계시면서, 광주에서 이제 방송국, 라디오 방송국에서 어린이들 뭐 이렇게 구술 동화도 하고, 아버지 이제 군대 상무대에 있어… 광주 상무대에, 6·25 참전해서 제주도에 있다가 상무대로 넘어오서 가지고…. 아버지 만나가지고 결혼해 가지고 이제 김제로 안 가고 고창에 이제, 엄마가 고창에 정착을 하기 시작했던 거지.

　근데 참 아이러니한 게 뭐냐면은 안 좋은 일은 한 번에 확 온다
는 거예요. 안 좋은 일은 한 번에 확 오는데… 참…, 딸 그렇게 되고
이제 좀 숨기려고 했는데 어차피 주위에서 다 알게 되고…. 그 전에
이제 어머니 암 투병 중이셨고, 직장암 내시경을 받으러 같이 갔는
데, 어머니 같은 경우는 들어간 지 5분도 안 돼가지고 나오시더라
고. 하다 보니까 이제 내시경이 들어가지를 못하는 거야, 미리 막혀
가지고 (면담자 : 심각한 상태였네요) 그렇지, 심각한 상태. 그래 가지
고 이제 수술을 했는데 수술 결과가 굉장히 좋았어요. 어느 자식이
부모가 아픈데 수술을 안 시켜드리겠냐고. 예를 들어 '폐암 4기다'
그러면 수술 안 시키지, 나는. 차라리 좀 더 진통제 붙이고, 좀 모시
고 좀 놀러 다니고 그랬을 거야, 아마. 직장암은 잘라내면 되니까.
내 친구 다혜 아빠도 직장암부터 시작했었으니까.

　근데 그걸 알고 난 다음부터는 이제 며칠을 막 울고불고하시는
데, 왜냐면 저거 가지고 울기 시작하고, 집에서 울고. 그러니까 우리
도 집에를 못 가겠는 거야. 안 갔어. 안 갔는데 울다가 이제 쓰러지
셨지. 근데 병원으로 모셨어. 그때부터 급속도로 안 좋아지시더라
고. 4월 16일 날, 그 일 겪고 난 다음에 한 3개월 정도 있다가 가신
거 같으니까. (면담자 : 3개월 만에 악화되셨네요?) 그러다 보니까 나도
이제 직장에 복귀는 해야 되고 또 어머니, 아버지도 계시니까, 어떠
한 부분이라든가 진도에서 내려가는 도보 행진이라든가 이런 거를
전혀 참석할 수가 없었어. 남들이 나를, 나한테 욕을 해도 난 할 얘
기가…, (눈물을 흘리며) 내가 할 게 있었기 때문에…. 병원에서 계속

시름시름 앓으시다가, 아버지는, 아버지도 거동이 불편하시니까, 내가 모시고 가야 병원에 가서 한 번씩 보고. 그래서 나도 결국에는 딸내미… 딸내미 이름 불러보고, 뭐라고 얘기를 하고 싶어 하는 거 같던데 얘기를 내가 또, 시간을 못 내가지고 얘기를 못 들었어요.

그다음 해 [20]15년 3월 2일 날, 3월 3일 날 새벽… 3월 3일 날 새벽 4시 50분경에, 3시 50분경에 돌아가셨는데 아무 말씀도 못 하시고 그냥 가래 빼다가 숨이 딱 끊기시는데…, 나밖에 못 봤지. 귀에다 대고 목소리 얼마나 들려드렸는데, 그 순간에 눈물이 끔뻑하시더라고, 돌아가셨어. 그러고 나니까 저도, 항상 부부가 같이 살다가 한 사람이 돌아가시면은 최대 5년, 2년은 못 견뎌요. (면담자 : 두 분이서만 따로 생활을 하고 계셨던 거죠?) 아버지, 어머니 생활하고, [어머니 돌아가시고부터는] 막둥이하고 둘이 있었고. 그래 가지고 그 뒤로부터 또 아버지가, 식사도 챙겨드리고 막둥이가 있으니까, "네가 식사 좀 챙겨드려라" 반찬이고 뭐고 해다가, 왔다 갔다 하면서 내가 챙겨드리기도 하고. 하지만은 뭐 얼마나 잘 드시는 것도 아니고….

그러는 과정에 아버지, 한 반년 정도 지나신 거 같은데, 계속 왔다 갔다 했는데 갑작스레 동생한테 전화가 왔어, "형 좀 빨리 와보세요" 갔더니 순간적으로 뇌졸중이 오신 거 같아, 침대에 누워 계시는데. 막 입에 거품 물으시고 막 그래. 119를 불러가지고, 급하게 가가지고 뇌수술을 했어. 하고 난 다음에 이제 엄청 좋아지셨어요. 야, 그래도 난 우리 아버지 좋아지시니까 너무 좋았어. 내가 보기에도 한 5년 이상 사시겠다고 생각은 했어. 그러는 과정에 넘어지셔 가지고, 골절을 입다 보니까 다시 병원으로 갔다고, 그 병원에 가서 골절

치료 다 하고 난 뒤에 도저히 집에 있으시면 안 되겠다 생각해서 아버지 요양병원 모시고…. 참… 그건 현대판 고려장인데…. (면담자 : 요양병원은 어디에 있는 곳인가요?) 어쩔 수 없었어. 안산에 여기 경희재활요양병원이라고, 여기 고잔동 광장 있는 데 앞에 있는데, 거기가 재활도 해주고 그래 가지고, 또 시설도 괜찮았어요.

저도 이제 들어가 가지고 간병하고 그러지만, 거기다 모셔놓고… 시간 되면은 집에 한 번씩 모시고 오고, 또 모시고 하는 과정에서 또 "아버지, 잠깐 내려 이거 잡고 계세요" 했는데, 뭐 짐 내리는데 그냥 그대로 넘어지셔서 또 안와골절을 당하신 거야, 또. 피는 철철 흘리는데, 고대병원 갔더니 몇 시간씩 세워놨는데 막… 그렇다고 화낼 수 없잖아. 아버지는 피만 흘리, 여기 뼈는 좀 나가고 피는 흘리고 있는데 당장 죽을 것 같은 사람들이 들어오다 보니까, 4시간 만에 이걸 이제 보고, 찍고 다 해서 해가지고. 치료받고 며칠 입원했다가 다시 요양병원으로 와가지고 계시는데…. 그 요양병원에 계시는 분들이 목욕도 시켜드리고, 다 해요. 근데 그래도 내 손으로 씻겨야 다 구석구석 씻겨드리니까, 항상 일주일에 두 번씩 가서 목욕시켜 드리고, 끼니 때 되면 반찬 싸갖고 가서, 제철에 나오는 거 있으면 챙겨드리고 그러다 보니까 (한숨 쉬며) 다른 사람들은 안 와도 내가 안 오면 불안한 거야, 장남이니까.

그래서 전 꼬박꼬박 다녔어요. 그러다 보니까 어느새인가 나도 1년 좀 넘어가기 시작하니까 사람이 게을러지나 봐. 이래서 자식은 효자가 없다는 얘기가 맞아요. 매일, 이틀에 한 번씩 가든지, 매일 가든지 했던 사람이 횟수가 자꾸 늘어나는 거야, 4일에 한 번, 일주일에 한 번. 생각은 매일 하면서도, 간병인하고는 통화는 하지만, 한 한 달 동안 그런 거 같아. 그러다 보니까 아버지가 굉장히 서운해하신 거 같기도 하고, 통화는 하지만. 다시 정신 차려가지고… 제가 가서 매일 가고, 씻겨드리고 매일 가서, 담배 피우는 걸 좋아하시니까 담배 태우라고 담배 사드리고 하다가 어느 순간에 담배를 끊으시더라고. 그래서 "왜 끊으시냐?" 그랬더니 꿈에 엄마가 나타나 가지고 담배 끊으라 그랬대, '당신은 담배를 끊어야 오래 산다'고. 그러다가 어느 날 갑자기 담배를 딱 끊었어요. 저도 그다음부터 끊었어요, 지금까지 담배를 안 피워요. 몇 년 안 됐어, 2년 좀 넘었는데. '아버지도 끊는데 나도 못 끊겠냐' 해가지고 담배 딱 끊고 나니까 편하기는 하더라고.

　　그러고 난 뒤에 병원에서 잘 지내다가 고대병원에 진료를 받으러 갈 일이 있어 가지고, 진료받으러 가가지고 잠시 입원해서 하는 과정에서 수술을, 갑자기 담낭이 안 좋아지셔 가지고…. 다 이걸 찍고 다 했는데 담낭암 판정을 받았어. 담도암이라고, 췌장에서 내려오는 관이 막혀가지고, 그래 갖고 그거 시술을 했어요. (면담자 : 그건 간단한 시술인가요?) 네. 관이 막혔으니까 안에다 스탠스식으로 이렇게 넓히는 풍선확장술, 스탠스 시술이라고 했는데, 잘됐어. 잘돼가지고, 나와가지고 병실에 계시다가, 앉아서 먹고 바로 눕지 말아야 되는데, 나는 이제 애초에 나가 있었고, [아버지개] 누워 있다 보니까 이제 다 못 먹었던 게, 남았던 게 기도를 막아버려 가지고 갑작스럽게 응급 상황이 돼가지고 심폐소생술 하다 보니까, 연세가 있으시다 보니까 갈비뼈가 안으로 파고들어 가지고 도저히… 가서 보니까 의식도 없으시고⋯, 아무리 해도 안 되는 거 같아. 그래서 내가 의사한 테 그랬어. "선생님 그만합시다. 우리 아버지 더 힘드니까 차라리 이 럴 바에야 그냥 편히 보내줍시다" 내가 연명치료포기[각서를] 썼어 요. "당신들이 그거 이렇게 해가지고 갈비뼈가 안으로 파고들었는 데, 흉골로 파고들었는데 그게 살아날 수 있겠냐?" 그러면서 내가 아 버지 귀에다 대고 "아버지, 고생 많았어요" 그랬더니 눈을 번쩍 뜨시 더라고. "아버지, 편히 쉬세요" 그러니까 눈을 번쩍 떴다가 그냥 그 대로 눈감으시더라고, 그렇게 돌아가셨어요(울먹이며 한숨).

딸내미 보내고 어머니 1년 있다가 보내고, 아버지 1년 반, 2년 있 다 보내고⋯. 가고 난 다음에 좀 이따, 이다음에 조카가 군대를 갔다 가⋯ 내 바로 밑에 동생이, 유일하게 우리 집에 아들 하나 있는데, 그 놈이 장손인데, 나머지는 다 계집애들이고, 할아버지 제사도 그놈이 지내야 될 거 같고 그러는데⋯. 나는 지내라는 생각은, 얘기는 안 해 요, "제사도 지내지 말아"라고 하는 스타일이니까. 군대 가서, 지가 '고등학교도 못 나오고 그랬으니까 이왕이면 군대 가서, 직업군인으 로 해서 생활을 했으면 좋겠다' 했는데 막상 제대할 때 되니까 나오 고 싶었나 봐. 나와가지고 두 달도 안 됐는데 갑작스럽게 실명을 하 기 시작하는 거야, 눈이 안 보이기로. 그래서 아무리 물어봐도 이게 십만 명 중에 한 명 정도 뭐 이렇게 걸릴⋯, 20대에, 젊은이들한테, 남녀 성인 젊은이들한테 걸린다는 거예요. '야, 하필이면 너냐', 점점 눈은 안 보여가지, 동생 놈은 우리 집에 유일하게 대학 나온 놈인데, 대학 나와가지고 뭐 이것저것 해본다고 하다가 서로 여럿, 서로 맞보 증 서고 해가지고, 다 털리고 아무것도 없고⋯. ⟨비공개⟩

96

윤희 아빠 진광영

면담자   혹시 뭐 군대에서 무슨 일이 있었다거나…?

윤희 아빠   아니에요, 그게 아니에요. 군대에서 그런 게 아니라 갑작스럽게 그렇게 나오는, 그… 서울에 유명한 김안과[병원]도 가보고 다 가봤는데도 이게 그럴 수 있다는 거예요, 희귀병이라는 거예요. 안 좋은 일은 한꺼번에 전부 온다는 얘기가 나는 이번에 진짜 너무 많이 느꼈어요. 왜냐면 단 순간에, 쉽게 생각하면 남들이 우리가 그러잖아요, 보통. 역학이나 이런 쪽에 따져보면은 삼재, 무속이나 이런 데 가보면 "삼재가 들어갔다" 절에서도 마찬가지지만 "삼재가 들어갔다" 이러는데, 그 삼재가 한꺼번에 다 온 것 같은 느낌도 있었고. 근데 그런 과정에서 가장 슬프고 가슴 아팠던 건 딸내미고, 그다음에 또 가슴을 치는 거는 조카 놈이고…. 아버지, 어머니는 어차피 다 사시다가 때 되면 돌아가신다고 생각을 했기 때문에, 준비를 하고 있었기 때문에….

면담자   아버님, 어머님은 그때 연세가 어느 정도 되셨나요?

윤희 아빠   아버지가, 아버지가 88, 87세에 돌아가셨나요? 2018년이니까, 30년생이시니까 88세시네. 어머니가 5살 밑에시니까 83세.

면담자   30년대생이시면은 많은 고생을 하셨겠네요.

윤희 아빠   그렇죠. 그냥 이쁜 이 세상 다, 산전수전 다 겪고 사신 분들이니까. 이 안산에 이사 오셔가지고 너무 좋아하셨어. 오니까 노인회관도 바로 집 옆에 있겠지, 두 분이서 손잡고 가서 밥 먹고 오고 머리도 깎고 오고, 노인, 한글도 잘 모르시니까 노인대학도 다니시고. 근데 아이러니한 게 뭐냐면은 아버지 사진 내가 갖고 있는데 아버지 옛날 군인들 제대증서가 이만해요, A4 용지야, 옆에 봉황 무늬 이래 가지고…. 아버지 제대증서에 누가 써 있냐면은 "육군포병학교 사령관 박정희"라고 쓰여 있어, 박정희 별 하나였을 때. 나 참 아이러니하더라고. 지금 나도 그 제대증서를 사진으로 찍어서 갖고 있는데, 육군포병학교 사령관 준장 박정희.

저희 아버지는 군대 얘기를 안 했어요. 저는 아버지가 유공자인지도 몰랐어요. 우리 동생이… 어렸을 때 저희 집에 훈장이 막, 훈장이 아버지가 탄 훈장이라든가 아버지가 탄 상장, 아버지가 워낙 성실하신 분이라 국방부장관 상도 받고, 화랑무공훈장도 받고, 도지사 표창도 받고 했던 게 많이 있었는데…. 훈장에 관해 몰랐어, 나는 전혀. 관심도 없었고, 나는. 근데 우리 둘째 놈[동생]이 어떻게 그걸 찾아가지고, 보훈처 가가지고 다 정리해 가지고 아버지 이제 연금도 좀 타게 하고, 훈장도 다 받아가지고 오고. 둘째 놈이 알아봐 가지고 하는 바람에 두 분을 60년 동안 현충원에다 모시게 됐으니까.

그때 사고가 나고 난 다음에 윤희를 평택 서호[추모공원]에다 내가, 내가 회사에서 10분밖에 안 걸리니까, 서호에다가 해놨는데, 어머니도 이제 서호에다가 모셨다가 아버지 돌아가면서 어머니만 빼가지고 이제 현충원에다 모셨지. 솔직히, 솔직한 심정으로는 내가 갈 때가 되면은 아버지, 어머니는 어차피 60년 동안 국가에서 하고, 한군데에 또 다시 모으니까 놔두고, 우리 윤희 것만 가지고 정리를 좀 해야 될 거 같아, 같이, 나하고. 그래 내가 이제 임영호 씨한테 "내가 아무래도 내가 먼저 갈 거 같은데" 동거차도에 있는 이야기했지만, 이옥영 선장한테도 "영호가 내 거하고 딸 거를 가지고 오면은 맹골수도에다 좀 같이 넣어줘라", 마음은 그래요.

면담자　　　　평택 서호추모공원에는 윤희 친구들도 있어요?

윤희 아빠　　　거기에도 꽤 있어요. 우리 9반에서 애들이 많아. 다 친구들이니까 뭐, 거기 있는 애들은 다…. 참 가족사가 그렇습니다, 한순간에….

면담자　　　　1년 상 치르기도 전에 일이 계속 생기셨네요.

윤희 아빠　　　저는 삼우제로 다 끝냈어요, 49재 안 했고. 지금도 집에서 제사를 지내면은 저는 유교[식] 지방도 안 써요. '현고학생부군신위, 현비유인' 전혀 안 써요, 저는. 두 분 사진 똑같이 놓고, 영정 사진 그냥 놓고 지내요 그냥. 그리고 뭐 홍동백서는 더 안 지키고, 제철에 나오는 과일 있으면 올리고, 아버지 좋아하는, 전라도 사람이니까 아버지 좋아하는 민어나 조기나 뭐 이런 거, 생선 병어 같은 거 있으면 좋은 거 좀 올려드리고…. 근데 와서 먹겠습니까, 돌아가신 분이. 더 좋은 데서 사셔야지 뭐 하러 와요. 근데 어떻게 보면 나도 형식만 취하는 거 같아. 솔직한 심성으로는 그냥 제사도 안 지냈으면 하는 바람인데, 너무 형식적인 거 같아 가지고. 틀에 얽매이는 거 같아서, 나는 그게 싫거든요.

면담자　　　　근데 제사를 그래도 계속하시는 이유는?

윤희 아빠　　　동생들이 와야 되니까, 그래야 얼굴 볼 거니까. 그리고 나라도 이렇게 해야 내 마음이 편해서.

면담자   어머님은 활동하시느라고 좀 바쁘셨을 텐데, 제사 준비는 같이하셨나요?

윤희 아빠   통상적으로 처음에는 집사람이 했어요. 지금은 국하고 밥하고 뭐 이런 거 할 거는 집사람이 다 해요. 나머지 부분만 내가, 우리 고향 분이 파는 반찬집이 있어요. 그래서 항상 거기다가 내가 전화를 하지. 그러면 거기서 한, 거기서 해주는 거 정도는 한 6만 원 정도…. 어차피 아버지, 어머니 좋아하시는 갈비 같은 거라든가 밥이라든가 국이라든가, 이런 거는 생선 같은 것도 옛날에 사다 주면 어차피 다 쪄야 되니까, 집사람이 다 해요. 세상없어도 자기가 할 건 다 해. 그냥 며느리로서 어머니한테 이렇게 애교도 좀 부리고 할 수 있는 나이들이 지나가지고 결혼하다 보니까, 그런 게 없어서 그렇지, 참 잘해요.

면담자   윤희는 평택 가서 따로 챙겨주시겠네요?

윤희 아빠   때 되면은 가죠. 가서 챙기기는 하는데, 요즘은… 그냥 어차피 윤희 방에 가면은 다 있으니까. 윤희 방에 그 사진, 영정사진 앞에다가 차려놓고 가서 얼굴 한 번 보고 오고 그런 식이에요. 솔직한 심정으로는 그냥 유골도 빼다가 집에다 갖다 놓고 싶어, 맨날 보니까. 저희도 지금 집에다 갖다 놓으신 분들도 있을 거예요. 근데 아무 의미가 없…, 아무런 저기가 없어요. 갖다 놔도 상관없는 거예요, 내 자식인데, 그리고 깨끗하게 다 진공 처리 다 돼 있는데. 그래서… 저 같은 경우는 집사람한테도, 농담 삼아서 그러는 건 아니라 내 진실을 이야기하지마는 항상, 그 이후로부터 내가 죽음에 대해서 상당히 좀 많은 관심을 갖게 됐고요. '내가 죽을 땐 어떻게 해야지' 내가 오늘 죽으면은 내일 당장 가서 연화장 연락해서, 빨리 연락해서 그날로 바로 "아무것도 입히지 말고 그냥 옷 입은 채로 그대로 갖다 태워라. 묻지 마라. 납골당도 쓰지 마라" 제가 좀 그런 얘기를 많이 해요.

면담자　　　그런 말씀하시면 어머님은 섭섭해하진 않으세요?

윤희 아빠　　많이 섭섭해하죠. 세뇌를 시키는 거예요, 계속. 그렇게 해야 돼요. 땅덩어리도 좁아터졌는데 죽었으면 끝나는 거지, 땅으로 돌아가는 것도 맞고. 그런 점에서는 전 많이 열려 있어요. 그리고 안락사라든가 이런 거를 많이 좀…, 우리나라 안락사가 없잖아요, 해야 된다고 생각하는 사람 중에 한 사람이고. 굳이 아픈데 저렇게 연명치료를 해야 되나? 자식도 힘들고, 경제적으로도 힘들고, 마음적으로도 힘들고 피폐해져요, 솔직히 가족들이.

면담자　　　부모님 돌아가신 후에 그런 생각을 하게 되셨나요?

윤희 아빠　　아니에요, 그 전부터도 많이 생각을 했었어요. 그 전부터도 그런 쪽에는 관심이 많았있어요, 해야 된다고 생각했었고. 그 뒤로 이제 아버지 돌아가시고, 아버지 저기 어머니 돌아가시고…, 내가 가장 그래도 가까이…, 우리 다혜 아빠 저 암 치료하면서도 그래도 친구라고 제일 가까웠었거든. 같은 반이고 자주 보고, 같이 조기 축구 멤버도 했었고. 그런데 그 친구를 결국에는 데리고 가서 딸을 찾아왔지만, 잠수부들 밥도 해주고 찾아왔지만…. 헬기 타고 먼저 올라온, 장례 다 치르고 난 다음에 이제… 많이 아프니까 그 친구도 본인이 오래 산다는 거는 생각을 안 한 거 같아. 그래서 삼성 서울병원 치료받다가 이제 더 이상 뭐 어떻게, 폐까지 전이돼 어떻게 할 수가 없으니까 고향인 영월로 갔어요, 영월로.

영월에 가면은 영월의료병원이라고 하나 있는데, 그 옛날에 광산에 다녔던 진폐증 환자들 와서 해주는, 국가에서 해주는 의료기관이야. 거기 가 있더라고. 그래 가지고 거기 가 있었는데 영월에다 또 집도 짓고, 거기 가 산다고 같이 이렇게 이제, 자기 고향 쪽에 집 하나 지어놓고 가서, 다혜 엄마하고 둘이 살면서 왔다 갔다 하면서 나한테 필요한 거 있으면 이거 뭐 좀 하나 만들어줘, "화로 하나 만들어줘", "여기 하수구 뚜껑 없는 거 뚜껑 하나 만들어줘" 하면 내가 만들어서 보내기도 하고. 그러면서 아무래도 '신선한 바람 쐬고 그러면 좋아지겠지' 해서 갔는데 좀 더 차도[병세가 점점 악화가 되니까 병원에 가서 호흡기 달고 있더라고. 근데 어느 날 갑자기 전화가 왔어, "윤희 아빠" 그러더라고. "왜?", "재순이가 보고 싶다는데", "왜?" 나 이제 속으로 직감했지. "바꿔줘 봐", "야, 한번 와라. 내일 와라, 얼굴 한번 보자", "알았어, 갈게" 그래 가지고 우리 수진이 아빠하고 나하고 강릉에 있는 후배, 언딘 바지에서 잠수부 하는 데 거기 있던 후배, 걔는 고향이 영월이니까 걔는 거기서 그리 오고. 둘이, 그다음에 자기 동서, 동서 나중에 왔구나. 차 끌고 갔지.

면담자   언제쯤 내려가신 거예요?

윤희 아빠   그때 재순이가 언제냐…, 재순이도, 우리 재순이도 우리 어머니하고… 2015년 개가 10월 달엔가 사망을 했으니까. 그 전날 나한테 오라고 했으니까…. 갔는데, 가서 보니까 영 상태도 안 좋고…. 그래도, '그래도 좀 더 버티겠지' 그랬어요. 아침에 가가지고, 10시까지 도착해서 얼굴 보고, 밖에 나와서 잠깐 밥 먹고 와서 얼굴 보고 앉아서 계속 이야기하고. 5시, 저녁 한 5시 조금 넘어서 얼굴 보고 "야, 치료 잘 하고 있어. 네가 마음이 튼튼해야 인마, 낫는 거야" 그러고 이제 올라와 가지고 그다음 날 고대병원 장례식장에 또, 우리 같은, 옛날에 직장생활 했던 우리 상무님 어머님이 돌아가서 가지고 장례식장을 가려고 양복을, 까만 양복 다 입고 준비를 해서 고대병원을 가, 막 도착을 했어요.

도착했는데 전화가 온 거야, 막 울더라고. 그러니까 "아이고… 윤희 아빠, 재순이, 재순이 갔어" 막 엄청 우는 거야. "정신 차려. 안산으로 데리고 와. 내가 지금 고대병원 장례식장 왔으니까, 지금 준비 다 해놓을 테니까 빨리 와" 그래 가지고 고대병원 밑에 특실 잡아가지고 준비 다 해놓고. 오기에, 와가지고 그날 하루 종일 내가 술 취해가지고 어디 가서 잔지도 모르겠고. 결국에는 장례 치르고 삼우제까지 다 치러서 보내고 참…….

보내고 나니까 가끔 이제 보고 싶은 거야. 나하고 친구로서 말을 통할 수 있는 놈이 그놈밖에 없었는데. 같은 반이라도 마찬가지라, 같은 반이라도 나하고 같이 얘기를 통할 사람이 없었어. 나하고 둘이 있을 때는 같은 반인데도 딸리고, 뭐 우리가 나이가 좀 위쪽으로… 최 선생님 아버님 여기, 아라 아빠가 여기, 향매 아빠가 제일 나이 많고, 최 선생님하고 아라 아빠하고 동갑이고, 그다음에 나하고 이제 재준이하고 동갑이고, 그 밑에 이제 혜선 아빠랑 밑에 해화 아빠랑 쫄따구들 쫘라락….

면담자 　　　다른 학부모님하고 나이 차이가 좀 나시죠?

윤희 아빠 　　　조금씩 났죠. 그래서 없으니까 아쉽잖아요. 그래서 하늘공원에다가, 하늘공원에다 했는데, 내 그 뒤로 딱 몇 번 가고 안 갔어요. 그러고 난 뒤에 2017년인가, 팽목항에서, 나를 차를 태워서 팽목에 왔다 갔다 하고, 재순이랑 나랑 다 태우고 왔다 갔다 했던 다혜 엄마한테는 뭐라 그러냐…, 매제지, 다혜 아빠한테는 동서고. 그 친구가 이제 당진화력발전소 가서 일을 하다가, 작업 끝나고 올라왔다가 다시 불러서, 안 된다고 다시 불러갖고 내려가 가지고 테스트하고 올라오는 과정에서 스위치 탁 했는데 터져가지고 화상을 입어가지고 서울 영등포에 성심병원이라고 화상치료병원에 간 거예요, 미치겠더라고. 가서 얼굴도 못 보겠더라고. 내가 제일 이뻐하는 동생, 싸우기도 많이 싸운 동생이고, 나한테 욕도 많이 먹었고….

　　　가니까 장례도 치르지도 못하고, 결정 난 게 없으니까. 그래서 내가 기자들도 불러주고 그랬어, "이거는 작업자 과실이 될 수도 있지만 작업자는 스위치 누른 것뿐이다". 통상적으로 한전이라든가 발전소 일할 때는 활성공법이라 해가지고요 전기가 살아 있어요, 항상. 살아 있는 상태에서 작업을 해야지 이걸 단전을 시키면은 그만큼 손해가 엄청나거든. 근데 그런 과정에서, 그날도 올라와 가지고 내려가기 싫어한 거 같은데, 주말이라. 안 온다고 난리 치니까 내려갔다가 사고당했는데…, 그걸 어떻게 처리를 못 해가지고 기자들 불러서 챙겨서, 챙겨주고 기자들 불러갖고 인터뷰하게 해주고.

이쪽에, 얘는 이제 하청이고, 지가 다니던 회사에서 나와서 하청하고, 얘들은 한전을 통해서 남부발전, 서부발전 거기 거래했으니까. 사람이 죽어버렸으니까 얘한테 다 미루는 거야, 이제. 무조건 이 사람 잘못이다 그래 가지고 "장례 치르지 말아라" 그랬는데… 처음에 팽목에서 올라왔을 때 딸내미 장례 안 치르고 있으려고 그랬어 나도, 끝까지. [근데] 다 하더라고, 나도 축축한 몸으로 놔둘 수 없더라고, 그래서 나도 했지만…. 7일 만에 장례를 치르면 나는 그때는 "하지 말라"고 그랬거든. "하지 마라. 장례하는 순간에 지는 거다. 더 놔둬도 돼" 그랬더니 하더라고. 장례 치르고 삼우제까지 다 챙겨주고, 그러고 난 뒤에 와가지고… 하여간 할 거 다 해주고 [했어요]. 〈비공개〉

3
4·16축구단과 동거차도 활동

면담자   유가족분들 사이에서도 보상 문제 때문에 갈등이 좀 있으셨나요?

윤희 아빠   1기, 1기 집행부들이 이제 그때는 "지금 받으셔야 됩니다" 이런 이야기 쪽으로 이야기를 많이 했고, 그쪽에 가까운 사람들은 받아놓은 거 같고…. 근데 우리는 집사람하고 나하고는 전혀 우리는 처음부터 그런 생각 자체가 없었거든, 아예. "이 사람아, 우린 끝까지 가는 거야. 아니, 내 새끼 죽음의 진실도 밝히지 못했는데 무슨 말 같은 소리냐?" 우리는 아예, 아예 그런 생각 자체가 없었어. 그러다가 나는 우리 반 식구들 이렇게 만나도 안 받아갔다고 생각한 사람들이 많았어. 근데 나중에 뚜껑 열어보니까 '어라, 이것들 봐라?' 흥분해서 막 열리잖아요. 술 한잔 먹으면서 또 많이 뭐라고 그랬지. 내가 "야, 이, 쌍놈의 새끼들아" [하고 욕도 하고 해서] 나 때문에 또 안 나오는 애들 몇 명 있었어요. 지금도 나 때문에, 내 얼굴 보기 싫다는 사람도 있으니까.

근데도 우리 반은 또 끌어댕기고 같이 자리 한번 만들어서 모이게 할 수 있는 사람도 나밖에 없어. 지금은 내가 많이 풀리긴 했지만 어차피… 아쉬웠던 거 같아. 진실을 밝혀야 되는데 그걸 그랬다는 거는 나는 참 용납이 안 되더라고, 내 성격상. [그래서] "여보 당신이 다 해. 당신 하고 싶은 대로 해" [그랬어]. 이제 모든 게, 장례가 끝나고 난 다음에 올라와 가지고 당직을 서기 시작하면서 첫 번에 탁 우리 반이라고 다 모였어, 이렇게 우리 반이라고 다. 첫날 당직 날인가요. 이제 왔으니까 그때 처음 보는 거지, 인사하고. 나이까지는 모르니까 다 저기 하고 그래서 "잠깐만 기다려봐. 나 윤희 아빤데 내가 나이도 좀 먹은 거 같고, 우리 이렇게 만난 것도 자식들이 아프게 맺어준 인연인데 서로 보듬고 살자. 그리고 니들보다 저기 열 달 동안 끙끙 앓아서 낳은 엄마들이 더 힘들지. 그러니까 니들 엄마들 박수나 일단 한번 쳐봐". 박수 한번 치더라고. 내가 먼저 "하고 싶은 얘기 있으면 3분 동안 한번 해봐라" 그래서 내가 3분 스피커[스피치]를 시작을 했어.

면담자   그때 무슨 말씀하셨어요?

윤희 아빠   속에 있는 얘기, 거기서 봤던 거, 그냥 자기 하고 싶은 얘기한 거야. 그리고 돌아가면서, 다빈이 아빠가 좀 내성적이야. 다빈이 아빠만 빼놓고는 그때 나온 사람들은 다 한 거 같아. 내가 왜 그랬냐⋯, "속에 있는 얘기해야 마음이라도 좀 열린다. 해봐라" 그러고 난 뒤에 소주 한잔씩 먹고 있는데, 갑자기 다혜 이모부 이야기하다가 이렇게 돌아왔는데, 그 친구가 [서울시립벽제]승화원에 있어요. 저기 우리 [김]관홍이랑⋯ (한숨 쉬며) 같이 거기 한 실에 같이 있어. 그 새끼 생각하니까 또⋯ 어느 정도 이제 이게 직장생활 하면서 활동도 못 하고 하다 보니까, 당직은 계속 나왔고. 또 여기에서 할 수 있는 거, 플래카드 걸고 이런 것들은 시간 되면은 나가서 참석해 주고⋯. 저희 가족 '4·16클럽'이라는 게 있어요, 축구클럽이라고. 근데 말은 축구클럽이지 남자들이 할 수 있는 게 그거 하나야. '4·16축구클럽'이라고 하나 있는데, 이 클럽이 하는 일이 뭐냐면은 어떠한 행사를 했을 때 뒤에서 보조해 주고 이런 일을 하는데⋯, 그때 막 '노란 리본' 걸고 막 플래카드 걸 때 우리 나와서 다 차 타고 다 걸고, 걸을 때 걸고, 행사할 때 엄마들 뭐 행사 할 때 탁자 옮겨주고 짐 실어다 주고 이런 것들, 보조하는 거나 마찬가지지. 하나의 가족대책협의회에서 공식적으로 무슨 부서라고 정해진 게 아니라 그냥 남자들끼리 모일 수 있는 공간. 요즘은 이제 모여서 가끔 족구도 좀 하고, 이런 공간. 이런 공간을 우리가 4·16축구회를 하나 만들어가지고 시작을 한 거지.

면담자   언제쯤 만드신 건가요?

윤희 아빠 　　　이것도 꽤 됐어요. 참사 끝나고 난 뒤에 올라와서 한 15년, 정확하게는 모르겠는데 15년에 만들었나. 우리 저 민지 아빠랑 만들어가지고 그때부터 시작한 거라. 참사 끝나고 나서 내부적인 이런 거 좀 하다가, 직장은 나가야 되고, 아버지, 어머니도 계시니까 계속 이렇게 봐드려야 되고 하다 보니까. 이제 어머니 돌아가시고 난 이후에, 4월 달에 우리 반이 동거차도에 들어가는 순서가 됐어요. 근데 "갈 사람 손 들어라" 그러니까 아무도 없더라고. 그래서 "내가 가겠다. 아무도 안 가는데 나이 먹은 나라도 가야 될 거 아니냐" [했지]. 나는 뭐 회사에다 이야기하면 되니까, 회사에다 이야기하고, 어쨌든 간에 일주일을 빠지는 거니까. 일주일이 아니라 10일이니까, 10일, 10일씩이니까.

　　그래서 가려고 생각해 보니까, 나하고 가려다 보니까 갈 만한 사람이 없어 가지고 내가 혜선 아빠보고 "야 영식아, 너도 좀 같이 한 번 가보자. 가서 보자" 그랬더니 자기는 그다음 날 오겠다는 거야. 우리는 금요일 날 가가지고 도착해서 토요일 날 아침에 덕운호 타고 들어가는데 그다음 날 목포에서 배 타고 들어오겠다는 거야. 근데 마침 세 명이 가야 되는데 우리 늙은이들 가면 컴퓨터를 할 줄 알아, 뭐 컴퓨터 다운을 받아 정리를 할 줄 알아요. 기본적인 거 하긴 하지만 그래도 좀 서툴지, 자료 찍어놓은 거, 계속 찍어놓은 걸 갖다가 백업시키고 해야 되는데. 그래서 마침 이제 그 상준이 아빠 용준이라고, "아 형님, 내가 같이, 내가 따라갈게요" 그러더라고. "야 너, 너희 반 갈 때 가" 그랬더니 "아니요, 형. 나 할 일 없으니까 그냥 따라서 같이 갈게" 그래서 셋이, 둘이 가가지고, 이제 둘이 가서 4월 달이니까 좀 약간 선선하기도 하고…. 처음으로 가서 보니까 이제, 물건 싣고 내려가지고 거기서 리어카에다 싣고 [동거차도에 있는] 이옥영 씨 집에 탁 내리면은, 거기서부터 지게를 지고 가야 된다는 거를 나는 그때 처음 알았어.

나는 생전 지게를 지어본 적이 없어요. 지게를 지고 이렇게 올라가는데 참 무겁기도 하고 힘들기도 하지만, 어쨌든 간에 그 위에까지는 올라가야 우리가 감시를 할 수 있고 그러니까. 가서 올라가 보니까, 뭐 올라가는 시간은 그렇게 얼마 안 걸려요. 저는 이제 걸음이 좀 늦으니까, 무릎도 아프고 그러니까 한 30분 걸렸는데, 가서 올라가서 탁 쳐다보는 순간에 욕부터 나오는 거야. "저런 개놈의 새끼들이" 하필이면 저렇게 가까운 데에, 그것도 물살이 제일 빠른 데다 왜 처박아 놨는지. 조금만 더 왔으면 됐는데 왜 그 자리에서 계속 뱅뱅 뱅 돌고 있었는지, 그 자리에 서 있었는지 이해가 안 가는 거예요. 그러니까 욕이 더 나오는 거예요. 가본 사람들만 느끼는 거예요. 손 이렇게 뻗으면 이 손끝에 있어. 우리 천막 있는 데에서 저 끝에까지 내려가서 쳐다보니까 더 가까운 거야. 진짜 속에서 막 울분이 터지고 짜증이 나기 시작하는데 욕밖에 안 나오더라고. 거기에다가 욕만 하는 거야, 그냥. 술 한잔 먹고 목소리 크게 내고. 욕하면 뭐 할 거예요. 중국 애들 와서 일하고 있는데… 욕밖에 안 나왔어요.

돔 두 동, 천막 하나 지어놨는데, 그것도 그거에 관련되시는 분이, 그걸 특허를 내신 분이 와서 또 해서 두 동을 지어놓고, 옛날 KBS 거기 기자들이 하나 또 움막이 하나 있어요. 여기는 이제 식당 겸 해서 가서 보니까, 먹을 거라고는 햇반에다가 라면하고 해서 준비해 간 거. 반찬은 해서 먹었지만, 정리가 안 돼 있어 가지고 정리 좀 하고. 나는 더러운 게 싫으니까, 나는 어질러 있는 게 싫은 사람이에요. 그래서 또 왜 끈으로 묶어가지고, 끈으로 해가지고 스티로폼 박스 된 거 올려서 이쪽에는 일회용구, 이쪽에는 또 일회용으로 끓여 먹는 것들, 그다음에 밥은 이쪽에, 그다음에 주방은 이쪽에, 칼 같은 거 이쪽에 놓고, 정리 다 해놓고. 또 금방 상할 거 같은 경우는 밖에다 빼가지고 그 밖에, 밑에 햇볕 안 드는 쪽에다가 넣어놓고.

그렇게 해놓고 있으면서 그다음 날 혜선 아빠 들어와 가지고 같이, 세 명이서 근무를 하기 시작했는데 나는 다리 아프니까 한 번 올라오면 내려가질 않아요, 내려갈 수가 없어. 또 오르락내리락할 수가 없어 내가 무릎이 아파 갖고. 그러면서 망원경으로 쳐다보고 있으면은 밑에서 열심히 작업하는 거는 보이지만, 너무 가깝다는 생각이 자꾸 들으니까, 소주병을 갖다 놓고 앉아 있는 거예요. 소주 한잔 먹어가면서, 딸내미 사진 있으면 사진 쳐다보다가. 거기다가 또 화장실도 다 만들어놔 가지고, 이제 화장실 같은 데 가면 아무래도 날벌레들도 많으니까 낫도 하나 갖다 놓고. 근데 보면은 개똥쑥 같은 게 많아요. 개똥쑥을 잘라서 일을 보고 딱 집어넣어 놓으면 벌레들이 안 달려들어. 그다음에 또 음식 먹고, 음식 남은 거는 웅덩이를 하나 파가지고 놔야 되고.

또 거기는 섬이다 보니까, 섬인데 섬 자체의 돌 구조 자체가 약간 이렇게 깨지는, 비석같이 깨지는 그런 돌들이라, 그 사이사이에 보면은 지네들이 그렇게 많았어요. 엄마들도 많이 봤을 거예요. 그다음에 고양이들도 많이 있고…. 올라오면 무조건 본인들이 다 해

먹어야 되니까, 그리고 하루에 한 번씩 물 뜨러 내려가야 되고, 지게 지고. 혜선 아빠하고 상준 아빠가 고생 많이 했지. 내가 안 움직이니까 항상 지게…, 샤워하러 내려가, 본인들은. 나는 그것도 귀찮아서 안 가. 일주일에 한 번, 그냥 내려갈 때 한 번 씻자고 생각하니까 시꺼멓든 말든 그냥. 아침에 고양이 세수는 한 번 하더라도… 그러고 나면은 이제 미안하니까 밥은 또 내가 해야지. 햇반 돌리고, 찌개 끓이고, 또 계란프라이 할 수 있는 경우는 계란말이도 해주고. 거기다가 계란찜 같은 것도 밥솥이 있으니까 밥솥에다 넣고 계란찜까지 해서 내서 밥 먹이고. 주로 애들이 밖에 움직이고 나머지 거는 내가 이제….

면담자   아버님은 거기서 계속 작업하는 거 지켜보고 계셨겠네요?

윤희 아빠   한 사람은 지켜봐야 되는데 자동으로 또 돼요, 이렇게. 되는데, 배가, 다른 배가 접근을 하게 되면은 그거 정도는 해서 일지에다 기록을 해야 되거든. 그러면 망원경이 옛날 거라 잘 안 보여가지고, 나중에는 우리 세영 아빠가 갖다 놓은, 그 별을 관측하는 천체망원경으로 보니까 잘 보이더라고. 기록해 놓고 일지 쓰고, 시간대별로 쓰고…. 크게, 쉽게 생각하면은 그냥 거기서 쳐다보고 있는데 크게 할 일이 없는 거예요, 감시만 하고 있는 거지. 그러다 보니까 책도, 갈 때 책도 몇 권 갖고 갔지. 『안도현의 발견』부터 해가지고, 책을 몇 권 갖고 가서 심심할 때마다 책 한 권씩 읽고. 그러다 보니까 상준 아빠가 또 뉴맞고[다음의 고스톱 게임]를 알려주는 바람에… 뉴맞고 알려주는 거, 그거 가지고 한 이틀 밤 날 샜어. 그러다 보니 재미가 없더라고 싹 없애버리고, 난 그런 쪽에 그렇게 깊게 빠지는 스타일이 아니다 보니.

핸드폰 들고 볼 게 없었어요. 핸드폰 들고 할 수 있는 거는 그냥 음악 좀 듣는 거. 나는 이렇게 좀 시끄럽거나 발라드나 이런 거 좀 좋아하니까. 조용필은 들었던 옛날 사람이니까 조용필 노래 같은 거 좋아하고, 들국화나 이런 다 좋아하니까 그런 노래 좀 듣다가…. 하도 이제 기다리고 있다 보면은, 있다 보면은 이제 거기 또 올라오시는 외부 NGO 단체들이 있어요. 그래서 올라오면은 같이 이렇게 하고.

두 번째 들어갔을 때가, 그 뒤로 10반까지니까 100일이 지난 다음에 들어가는 거죠. 90일 이후에 들어가는 거니까, 3개월 정도 있다가 또 들어가는 거니까, 그다음에 들어갈 때는 우리 반에 경미 아빠하고 나하고 임영호 씨. 아, 경미 아빠는 그때 안 들어갔구나. 그때 나하고 영호, 임영호 씨하고, 정찬민 선생님이라고 우리 애들 목판 해주신 분이 있어요. 그다음에 우리 애들 그림 그려준 최강현 씨라고, 강현이하고 네 명이 들어간 거 같아.

그래 가지고 그때 들어가다가 애들 기억의 동상 가고, 영호가 또 하수구에 빠져가지고 발까지 다쳐가지고, 같이 거기서 만나서 팽목에 들렀다가 덕운호 타고 들어갔는데, 나 진짜, 지금도 내가 그 찬민 선생님하고 강현 선생님한테는 내가 지금도 연락하고 그래요, 고맙기도 하고. "형님 시간 되시면 한번 오세요. 내가 식사라도 대접해야 되는데", 맨날 노인네보고 내가 안산으로 오라고 그러니까. 참 대단하신 분들이야. 그날 가가지고 올라가 있는데, 오후에 시민 단체

KBS 방송국에 있던 김탁환 작가, 『불멸의 이순신』 썼던 김탁환 작가나 그분들하고, 그분들 몇 분들하고 출판사 몇 분들하고 관홍이가 왔더라고, 김관홍 잠수사가. 나는 왔다는 얘기만 들었지 근데 올라 왔어, 걔들이. 올라와 가지고 처음 봤지. (면담자 : 그때 처음 만나신 거예요?) 관홍이를 처음 봤어. 관홍이가 밖에서 이렇게, 방송에 나와서 이렇게 얘기하고 진실을 얘기했을 때는 참 듬직해 보였고, 마음에 들었는데 '저놈을 내가 한번 볼 수 있을까?' 그랬는데, 그날 봤어.

근데 그날 첫날은 그 사람들이 안 올라오고 우리는 올라가 있었고. 전화 와가지고 "내려오라"고, "고기 좀 굽고 있으니까 형님 내려오세요. 내려오셔서 고기 좀 드시고 올라갑시다" 그러더라고. "아니야 귀찮아, 올라가" [하다가] 결국 내려오라고 해가지고 결국에는 둘이 내려갔지. 영호하고 둘이 내려가서, 강현이하고 찬민 쌤이랑 먼저 와서 다 앉아서 옥영이네, 뭐 관홍이가 하도 옥영이 집에 많이 왔으니까 지가 알아서 그냥 고기 꺼내가지고, 자이글[조리 기구] 꺼내가지고, 불판 꺼내서 지가 알아서 탁탁탁 굽더라고, 보니까. 나는 첫눈에 딱 마음에 들더라고, 거기도 인사 대충 했고.

이렇게 딱 앉아 있는데 관홍이가 저 가운데서 고기 굽고 있더라고. 그래서 "어이 동생, 이리와 내가 술 한잔 주고 싶다. 나 진짜 보고 싶었고, 술 한잔 주고 싶고 그렇다" 그랬더니 탁 왔는데, 그랬더니 이것도 또 남자라고, 남자는 딱 보면은 서로 보면은 서로가 서로를 알 때가 있어. (면담자 : 어떤 걸 알게 되나요?) 딱 이게 보면은요, '참 저 사람 착한 사람이네, 저 사람 나쁜 사람이네. 저 사람은 옛날에 참 깡패 짓거리도 많이 했을 거 같고. 어디 가서 그냥 지저분하게 살지 않았을 거 같고. 참 남자답게 살았을 거야' 이런 생각이 많이 드는 사람들이 있어. 관홍이가 딱 그런 스타일이었어. (면담자 : 남자다운 게 있었나요?) 네, 그래 갖고 "동생 이리 와, 내가 소주 한잔 줄게" 딱 왔는데 무릎을 딱 꿇더니만 두 손으로 딱 받아. "야, 그러지 말고 편히 앉아", "아닙니다, 형님" 그래 가지고 내가 이제 "나중에 한번 [안산] 올라가서 서로 한번 만나자" [했지]. 올라왔다가, 그다음 날 또 거기 올라왔다가 그 사람들은 또…, 왜냐면은 우리야 10일 있지만 그 사람들은 주말을 이용해서 왔기 때문에 1박 2일이나 2박 3일 있다가 바로 가야 되니까 가고. 가고 난 뒤에 다시 올라와서 한번 봤어야 되는데, 이제 잘 지내다가 느닷없이 그 소식이 들리다 보니까….

그 소식 들리기 전이야, 전에 우리가 아마 올라오고 있었을 거야, 아마. 올라왔던가? 근데 임영호 씨하고 나하고 있다가, 올라왔는지 아니면 술 한잔 먹었는지 모르겠지만…. 그때 관홍이가 대리운전을 했었어. 나중에 이제, 지금 박주민 변호사 그거 선거운동 할 때 거기 가서 했었지만, 그때는 본인이 대리운전 했었어. 영호가 전화하니까 "어디야? 관홍이 너 어디야?" 그러니까 "아, 형님 나 지금 안산역에 왔다"고[해서] "나 있으니까 오라 그래. 밥이나 한 끼 사서 택시 태워 보내줄 테니까 오라 그래"라고 했더니, "아니"라 그러는 거야. "바로 내렸다가 손님 하나 잡아서 가야 된다"고 하더만. 도착해 가지고 바로 또 "금방 간다" 그러더라고. (면담자 : 만나긴 하셨어요?) 못 만났어, 오라고 했는데 본인이 "가야 된다" 그래 가지고.

그리고 난 뒤에 그 뒤로 며칠 안 됐는데 그 소식이 들리는 거야. 진짜 미치겠더라고…(한숨), 왜 이렇게 '참, 좋고 의로운 사람들은 왜 자꾸 빨리빨리 이렇게 자꾸 데려가지?' 이런 생각도 들고… 많이 아쉬웠어요. 그때 만났어야 됐어요. 그때 만나고, 그때 만나고 난 뒤에 박주민 변호사 그거, 좀 시간이 흘렀으니까 박주민 변호사 선거운동하고 난 뒤에 그리 됐으니까. 그 전에도 만날, 그때도 만날 기회가 있었는데 오라고 하면 본인이 못 왔어, 바쁘니까. 내가 영호한테 한 번씩, 임영호 씨 통해 "야, 한번 오라 그래. 형이 밥이라도 한 끼 사주자, 그놈 시키" [했는데 못 만났어].

실제적으로 4·16동호인들이 있어요. 고맙잖아, 나는 고마우니까 걔들한테 항상 내가 지갑을 열 수 있는 사람인 거라. 돈이라는 건 있다가도 없는 거고, 없어도 막걸리 한잔은 먹을 수 있는 거고. 항상 먼저 이런, 오면은 나는 반가우니까 항상 밥 한 끼, 당연히 내가 밥 사야 된다고 생각하는 사람이고. 또 1년에 한번 정도라도 불러가지고, 자리 마련해 가지고 밥이라도 한 끼 사주고 싶은 사람인데, 생각 자체가 그런 사람이니까. 임영호 씨랑 여러 분들이 생일 케이크 놔준 그런 사람들인데 고맙잖아요. 나는 그렇게 남들한테 못 해봤는데 얼마나 고마워. 그러니까 항상 내가 오면은 밥이라도 한 끼 사주려고 하고 노력을 하지. 있으면 뭐라도 퍼주고 싶고 그러는 거니까. 우리 집사람은 이제 그런 건 아예 싫어하지.

면담자　　왜 싫어하세요?

윤희 아빠　　옛날부터 많이 퍼줬으니까. 없을 때도 많이 퍼주고, 잘해요 남들한테. 아무리 저기 개차반같이 살았어도 무조건 잘해야 된다는 거는 알아. 내가 먼저 잘해주고, 배신당했을 때는 가차 없지만, 내가 먼저 그래서는 안 되는 거고. 나는 그 사람이 나한테, 내 뒤통수를 친다든가 나를 배신하고 가면은 그다음부터는 철저하게 완전히 깔아뭉개든 뚜드려 패든 어떻게 하는데, 다시 안 보든지. 그러지 않는 한은 있으면 내가 당연히 사야 된다고 생각하는 사람….

4
동거차도에서 기억에 남는 일화들

면담자   팽목에 계실 때 조카분들이 와서 도와주고 계셨는데, 조카분들에 대해 오해가 좀 있었다고 얘기를 해주셨어요.

윤희 아빠   조카들에 대한 오해는, 와서 고생들 하고 있는데… 처음에 고생을 했는데 나중에 미수습자하고 수습자하고 나누어지다 보니까, 미수습자들이랑 같이 있으면서 실제적으로 거기에 내부적인 거는 자기들 몇 명 남아 있던 사람들끼리 문제가 됐었는데. 〈비공개〉 그런 과정에서 당연히 트러블이 나올 수밖에 없는 거예요. 내가 그래서 제일 세상에서 힘든 게 뭐냐면은 중용이거든요. 내가 될 수 있으면 "너는 남의 편도 들지 말고 분향소 지키고" [하라고 했어요]. 식당에 들어오는 부식 같은 거 잘 챙겨서 많이 협찬해 주고, 많이 했을 거야 아마. 금전적으로라도 협찬해 주고, 쌀도 엄청 많이 했을 거야. 이런 거 자체들을 철저하게 잘 관리를 했어야 되는데…. 내가 이런 얘기하면 뭐하지만 관리가 안 됐을 거야, 아마. 그냥 그렇다는 거는 알고만 있어. 그거 갖고 나도 따지고 그런 적은 없으니까. 끝까지 남아 있었으니까, 그런 부분에서 오해받을 소지를 많이 발생을 시켰으니까.

따지고 보면 제3자예요. 있으나마나 한 거예요. "가라" 하면 끝나는 거예요. 실제적으로 내가 올라오면 저도 들어가, 끝나고 갔어야 돼. 근데 그때만 해도 자기도 장사도 안 되지, 금전적으로 많이 힘들었지. 거기 오니까 밥도 먹을 수 있고 그러니까 잠시 도피처로 왔는데, 있다 보니까 이럭저럭 하다 보니까 도피처가 아니라 생활처가 돼버린 거지. 마음은 당연히 여러 사람들한테 공감을 하지만, 자기도 마음도 아프고 그러니까 거기 있었고, 했다는 거는 인정은 하지만. 결과적으로는 똑같은 가족인데도 그 중간에 서 있지, 중간에서 본인이 균형을 못 잡았다는 거.

면담자 그러면 아버님이 중간에서 입장이 곤란한 적도 있었겠네요.

윤희 아빠 · 네. 나한테 그 얘기를 해요, 와서. 이야기하면은 "그래 내 조카니까 내가 이야기는 하마. 그건 니들이 알아서 해" 그럼 내가 전화하지. 전화 안 받으면 문자해요. "야 인마, 될 수 있으면 내가 나서지 말라고 백 번, 몇 번 이야기한 거 같은데. 나서지도 말고 그냥 니 할 것만 해" 가협[4·16세월호참사가족협의회]에서 카드도 주고, 뭐 필요한 거 있으면 사야 되고 하니까 다 한 거 같은데. 이야기하면은 이야기할 때는 그때뿐이야. 자기도 사람인데…. 전혀 진짜, 예를 들어서 전혀 하지도 않은 일을 가지고 얘기를 했다고 그러면은 자기도 분노가 발생할 수밖에 없는 거잖아요. 그렇다고 참으라고 하면 또 안 되잖아. 끝까지 미수습자 있을 때 끝까지 남았다는 게 조금⋯. 그때 있으면서 더 이제 많이 틈도 갈라지고 그랬던 거 같아요. 더 이상 안 물어봤어요, 그것도.

면담자　네, 조카분은 요새 어떻게 지내시나요?

윤희 아빠　지금은 아버지 돌아가시고, 동생은 부천에서 지금 장사한다고 하고 있고, 엄마는, 나한테는 누님이지, 지금 집 재개발돼서 이사 갔을 거 같은데, 누나는 병원에 가서 간병인 하고 있고. 왜냐면 이것저것 한다고, 시골 내려와서 뭐 좀 해본다고 이놈 시키들이 돈 빌려간 거 다 맞보증 서가지고, 그래서 내가 거기 있으면서 "파산선고 해라" 했던 얘기가 그런 건데⋯. 본인은 다낭, 다낭 가 있을 거야, 다낭 가서 관광가이드 한다고. 그 얘길 들었어. 그래 가지고 이번에 우리 경미 아빠가 가족 여행으로 다낭을 갔었는데 "통화는 하고 왔다"고 하더라고. 나하고는 통화 안 해요, 지들이 나한테 전화를 하면 모를까. 나한테 전화 안 해요, 누나들하고 내가 통화는 하지.

면담자　2015년 9월쯤에 처음으로 유실 방지망을 설치했는데요, 혹시 동거차도 가셨을 때 그 장면을 지켜보셨나요?

윤희 아빠　저희 때엔 못 봤어요. 왜냐면은, 그 앞에서 공사는 하고 있었던 거는 느끼고 있었고, 유실 방지망이라고 해봐야 상하이셀비지가 들어오면서 밖에다 친 거니까. 그 전에는 밧줄로 그냥, 우리 쉽게 생각하면은, 목공소 같은 데 가면은 이렇게 물건 두 개를 갖다가 접착을 하기 위해서 물어주는 C클램프라고 있어요, C 자 모양이라 해가지고. C클램프 같은 걸로, 창틀 네 개로 해가지고 밧줄 요렇게 묶어놨는데 빠져나갈 거 다 빠져나갔지. 그러니까 우리 양승진 선생님 같은 경우는 배가 기울어지면서 밑으로 쑥 빠져서 바다에 빠졌을 거라고. 그러니까 이미 유실이 돼버린 거예요. 〈비공개〉

그 정도 초기에는 전혀 그런 게 안 돼 있었어. 그렇게 초창기 며칠 한 3, 4일 안에 먼저 다 없어진…, 안에 있던 애들만 그대로 있는 거고. 그 뒤로 한번 또 들어갈 기회가 있어 가지고, 그냥 우리 반은 그냥 대표로 내가 다 거의 많이 들어갔어요. 들어가면서 경미 아빠를 데리고 갔지. 경미 아빠하고 그때… 그때 경미 아빠하고 또 영호하고 갔나? 나도 기억력이 까막까막하네요. 경미 아빠를 데리고 갔는데, 그때 경미 아빠가 인도 가서 일하고, 인도 가서… 원래 발파 전문가예요, 발파, 폭약 전문가. 인도 가서 일 끝나고 들어와 가지고 쉬고 있길래, 마침 갈 일이 생겨가지고 "야, 태원아 같이 한번 갔다 오자. 어차피 너 한번 가보면 너도 느끼는 게 있을 거야. 어떻게 생각하냐. 한번 가자, 같이" 그랬더니, 영호하고 셋이 갔구나.

그래 가지고 도착해 가지고 가서 이렇게 들어가서, 배 타고 들어가 가지고 지게 지고 다 올려놓고 딱 보니까 우리 또 경미 아빠도 입에서 욕 나오기 시작하는 거야. 욕이 나오기 시작하지. 이제 바로 앞에 보이는 게 막… 성질나지, 바로 앞인데……. 〈비공개〉 그다음 날인가 들어가 있을 때 전남대 학생 애들하고… 전남대 전남지부 학생 애들이 올라왔었어요. 한 세 명인가 네 명이 올라왔는데, 걔들 이름도 다 까먹었네. 여학생 한 명하고 남학생 두 명인가 세 명인가 올라와 가지고, 아침에 이제… 걔들 아침밥 또, 걔들 옆에 주변 정리 좀 하고. 할 동안 아침밥 해 가서, 해서, 대충해서 같이 앉아서 먹고 그러고 난 다음에… 애들하고… 그때….

그 전에 상준 아빠하고 들어갔을 때. (면담자 : 네, 두 번째[첫 번째] 가셨을 때) 상준 아빠랑… 우리 상준이 아빠랑 들어갔을 때, 그때도 수녀님들이랑 많이 올라오셨었어. 첫 번째인가. 그때 외부에서 사람들이 많이 올라오셔 가지고 그 동거차도 산꼭대기에다가 세월호 리본을 만들어놨어요, 노랗게 우리가 돌을 해가지고. 그래 가지고 이제 그 노랗게 만들어가지고 했는데, 혜선 아빠가, 우리가 먼저 들어갔으니까. 그때 혜선 아빠가 들어올 때 노란 스프레이를 사 오라고 했던 거야. 그래 가지고 리본을 이렇게, 지금 여기서 사진을 내가 이따가 한번 보여드릴 텐데… 그때 리본을 만들었네, 우리가. (면담자 : 두 번째 가셨을 때 만드신 거예요?) 두 번째[첫 번째] 갔을 때 세월호 리본을 돌을 다 주워서 만들어놓고….

세 번째는 이제 그 친구, 젊은 친구들 와가지고, 풀이 자라가지고 같이 옆에 다, 돌 리본 옆에 풀 좀 베고 다 하고. 그 친구들 내려가면서, "젊은 친구들, 미안하지만 내려갈 때는 쓰레기는 지고 내려가야 돼" 하루에 한 번씩 내려가는 게 뭐냐 하면 쓰레기 지고 내려갔다가 (면담자 : 물 지고 올라오고) 분리수거해야 되고 물 지고 올라와야 되고. 무조건 하루에 한 번씩은 내려가야 돼, 본인들 씻으려면 내려가야 되고. 나는 여름에도 한 번도 안 내려갔었어요. 꼬지지해 가지고 막 다 타갖고 있었어, 전부 다. 그렇게 가니까 경미 아빠도 화가 나지, 짜증은 나지, 보니까 성질은 나지. 그래도 잘 있다가 어쨌든 간에 하고 와가지고, 나보고 한다는 소리가 "형님은 어떻게…". 내 차 끌고 갔으니까. 자기가 운전한다고 그래도 운전대를 한 번도 안 줬어, 내가. (면담자 : 왜 안 주셨어요?) 애들 좀 쉬라고, 나는. 나는 운전대 한 번 잡으면 끝까지 논스톱으로 가요. 잘 안 주는 편이야. 그래 가지고 '될 수 있으면 내가 할 테니까 쉬어라'는 생각으로 하는데, 애들은 좀 줬으면 하는데 참 못 줬어요. 그래 가지고 그때, 나오면서 올라올 때 엄마들 거기 와 있길래, 엄마들 몇 분 또 올라오는 길에 태우고 왔고.

그다음에 한 번 또 마지막에 한 번 또 들어왔지. (면담자 : 네 번 들어가셨군요) 한 번 더 들어갔을 때 경미 아빠는, 우리는 가봤으니까 알잖아. 경미 아빠하고 둘이 이제 간다고 해놨는데 또 데리고 갈 사람이 없어. 혜선 아빠 가자니까, 혜선 아빠가 그때 마침 본인이 일 있었나 좀 그런 거 같아서 수진 아빠를 꼬셔 와가지고 "한번 가봐, 이놈아. 가봐야 네가 느끼는 거야" 그래 가지고 꼬셔가지고, 그 지게도 질지 모르는 사람, 그 사람은 정말 진짜 부르주아거든. 광주, 광주 사람이지만 아버지가 엄청 부자였고 누나들이 막 일고여덟 명이 돼요. 이렇게 큰 사람이거든. 우리가 지금도 "부르주아"라 그래, 진짜 맛난 것만 먹고 자란 사람이고.

그래 가지고 데리고 가서, 배 타고 탁 들어가서 자기도 올라가보니까 이제 입에서 욕이 나오는 거지. 첫날 밤인가 하룻밤 자는데 "태풍이 이제 온다" 그래 가지고, 거기에 있을 상황이 못 되니까 천막 다 묶어놓고. 바람이 거기 또, 원래 또 우리가 있는 동거차도 위에 막사가 있는 데가 바람이 이렇게 불기 때문에 이 앞쪽으로는 나무들이 없어요, 거의. 나무들이 있는데 나무들이 다 쪼그만해. 그리고 다 이렇게 누워 있고, 이쪽 뒤쪽은 나무들이 무성한데 바람이 계속 차고 올라오니까, 바람의 길목이니까. 바람이 한 번씩 불기 시작하면은 막 천막이 날아갈 정도니까. 비가 한 번씩 막 들이치고 그러면은… 할 일 많아요. 햇빛 지면 나가서 이불 털어서 널어놔야지, 무조건. 다 정리해서 널어놓고, 이불도 널어놓고 막 해야지. 그것도 지저분하니까, 햇빛에라도 한번 소독을 해야 되니까.

그래 갖고 이제 수진 아빠도 데리고 갔는데 수진 아빠도 올라가 보니까 입에서 욕 나오지. 저렇게 가까운 데다가 우리 애들… 자기도 느끼는 거지. 말로만 들어서는, 말로만 안 듣고 직접 와서 보니까 본인도 느끼는 거야. "아이고, 형님들 말씀이 맞네. 오길 잘했네" 그러더라고. 태풍 치고 하니까 어차피 밑에 쪽으로 내려올 수밖에 없었잖아. 내려와 가지고 진짜 뭐 할 일도 없고, 하루 종일 뒹굴뒹굴하기도 그렇고. 바람은 막 불지 비는 들이치는데 따분하기도 하니까 그냥 "낚시나 한번 갔다 오자", 우비 입고 나가서 잠깐 한 30분 낚시했나. 다시 비 쫄딱 맞고 들어와 가지고, 앉아서 뭐 할 게 있어야지. 할 거는 이거밖에 없어요. 그러면 이[옥영] 선장 어머니한테 "냉장고에 작년에 명절 때 해놓은 거라도 있으면 내놓으라"고 막…, 쌓여 있으니까. 옥영이 보고 고기라도 한두 개 잡아갖고 매운탕 끓이라고 해가지고 앉아서, 이게 먹는 게 일이었어. 태풍 오고 그러니까 배도 안 돌아. 담배도, 거기 섬에서 있는 사람들도 담배도 못 사가지고 우리들한테 "담배 있냐?"고 물어보면 우리가 담배 나눠주고. 동거차도 주민들한테는, 누구나 다 느끼겠지만, 나는 그렇게까지는 저기 했지만 참 고맙기도 해요, 보면은.

면담자   동거차도 주민들하고 기억에 남는 일화 같은 거 있으신가요?

윤희 아빠　　　동거차도 주민들하고 뭐⋯ 우리 태원이랑 같이 있을 때, 태원이, 나, 영호랑 같이 있을 때, 그 밑에 그 동거차도 주민이신데, 외부에서 이제 며느리인지 뭐 어머니 만나러 온 건지 모르겠지만, 아들하고 들어왔다가, 웃통 벗고 있었는데 더우니까, 웃통 벗고 있으니까 못 물어봤나 봐. 근데 우리 태원이가 이렇게 나가서 보니까 계시길래, 들어와 가지고 옷 입고 나가서 "어쩐 일이시냐?"고 그러니까 "아니 그냥 지나가다가 한번 애 데리고 올라와서 보고 싶었다" 그러면서 풋고추하고 된장을 이만큼 주고 가셨어. 진짜 제일 맛있었어요. 그거를 우리가 나오기 한 3, 4일 정도 남았었는데 계속 그것만 먹었어요. (면담자 : 어, 많이 주셨나 봐요?) 진짜, 네. 일부러 따가지고 왔대. 자기도 여기 주민인지 아니면 엄마 집에 온 건지, 시댁 집에 온지는 모르겠지만 경미 아빠가 잘 알아, 경미 아빠 "구술하라"니까 "안 한다" 그랬다면서? 그거 가지고 참 너무 고마운 거야. 너무 고마워 가지고 '야, 아직도 사람은 세상은 살 만한가' [싶더라고].

　　이렇게 있으면은 나이, 연세 드신 분이 천천히 낚시하러 올라오시는 분이 있어. 그러면 우리 밑에 이렇게 내려가는 데에 낚시하는 데가 있어 가지고 그분이 이렇게 지나가다 오시면은 "안 더운가?", "날이 더울 텐데 어디로 가세요?", "저 밑에 낚시 간다"고. "구경 가도 돼요?" 이제 그러면 "구경 오든가" (웃으며) 막 한두 번씩 왔다 갔다 하셔, 연세 드셨으니까 천천히.

　　그러다가 세 번째인가 갔을 때, 아니 수진 아빠랑 네 번째인가 갔을 때는, 거기 그때 막 뭐냐면은 동거차도 앞에 배 접안하는, 거기다가 이런 식으로, 그때는 이렇게 돼 있었는데 접안 시설을 만들고 공사하고 있었거든. 그게 막 덤프트럭도 들어오고, 잠수부들도 밑에 들어와 가지고 막 그거 돌 쌓으면은 거기 밑에서 일하는 것도 보고 했지만…. 뭐라 그럴까, 그 안쪽에 또 저기 뭐 공사하러 들어오신 분 있는데, 그 동거차도라는 섬 안에, 서거차도도 있고 동거차도 있고 그 러는데 그 안에서 저수지가 있어요, 민물 저수지가. 나도 처음 봤어 섬에 저수지 있는 게. 식수가 거기서 나오는 거야. 거기도 가보기도 했는데, 그래서 거기도 그거를 끌어 올려서 정수해서 식수로 쓰는 거예요.

근데 거기에 어떤 한 분이, 아침에 우리가 잠깐 저기 했는데 한 12시 정도 된 거 같은데 한 분이 올라오셨어. "여보세요?" 그러더라 고. "아니 어떻게 오셨습니까? 아버님", "여기 세월호 가족들 맞냐" 고. 참… 손에 페트병 음료수 두 개 들고 올라왔더라고. 우리가 줄 수 있는 게 뭐 있어? 우리 가족 있는 음료수 좀 드리고 커피 한잔 해 드리고. "어떻게 오셨습니까?" 그랬더니 너무나 자기도 가슴이 아파 가지고, 자기는 이렇게 섬 쪽으로 공사하러 다니는데 '한 번은 가봐 야 되겠다' 생각을 했는데 마침 일 들어온 김에 올라왔다고, 힘내라 고. 그래 가지고 같이 사진 찍고 "저쪽 서보세요, 제가 사진 하나 찍 어드릴게", "아이고, 사진 찍을 게 뭐 있어?", "아니 페이스북에 올리 려고 그럽니다" 같이 사진 찍고. 자기 "일해야 되니까 내려간다"고, "날도 더운 것 같은데 고생하라"고 그러는데 그 마음이 너무 좋은 거 예요. 그분하고 그 엄마하고 모자지간에 올라왔던 거를 참 기억이 제일 많이 남는 거 같아.

윤희 아빠 진광영

면담자   대단한 말 한마디나 선물은 아니지만 (윤희 아빠 : 그렇죠) 그게 더 기억에 남으시는 거네요.

윤희 아빠   최고로 기억에 남았던 거 같아. 최근에도 이제 동거차도 주민들 이렇게 올라와. 국회 앞에 올라오고 하면은 내가 이 선장한테 "야, 느그 동네 사람들 같이 왔으면은 같이 온나". 지난번에 한번 같이 내려왔더라고, 안산에. 그래 가지고 맨날 우리 만나면 모이는 고깃집 가가지고 고기 한 끼, 고기 하나 사주고. 큰 것도 아니잖아. 그래도 가면 또 내려가 갖고 고맙다고 또 영호가 또 목포가 집이니까, 원래 만재도가 고향이고 목포가 집이니까, 가면은 한 번씩 또 지가 배 타고 들르면은 "형님, 동네 동생이 줍다, 멸치 한 박스". 그거 하려면 얼마나 고생인데, 내가 전화하지 "고맙다"고. "옥영아, 그런 거 하지 마라 그래라. 그냥 고맙다고 말만 전해주면 된다. 내가 인마 형이 여기 있는데 그런 거 못 해주겠니?" 다른 것도.

미역 한다고 바쁜데, 우리 가족들이 이제 거기 있으면은 내려가서 미역 하는 데도 많이 도와줘요. 많이 도와주고, 판도 들고 날라주고. 미역 이렇게 하는 것도 전문가 아니면 못 해, 또. 나는 이제 다리 아프니까 안 내려갔지만 혜선 아빠 같은 경우는 내려가서, 심심하니까 내려가서 미역 봉사하고, 다 가족들이 또 그런 봉사하고. 그 봉사하다 보면 거기서 술 먹고 취해갖고 올라오는 거야. 원체 옥영이 놈이 잘했지. 거기 가서 만났지만 "너는 내 동생이여. 그러니까 무조건 한 달에 한 번씩 전화하고, 일주일에 한 번씩 전화해 인마". 전화 가끔 와요, 내가 또 전화하고. 내가 옥영이한테 뭐 도움받은 거 뭐 있어. 나는 도움받은 거 없어요. 단지 그 집 가서 신세 좀 졌다는 거뿐이고, 그냥 내가 좀 마음에 들어서 좋아하는 거지.

그러니까 언제든지 항상… 섬이라는 게 겨울이 되면은 다 비게 되어 있어요. 또 그때쯤 되면 한 번씩 올라와. 분기별로 한 번 정도는 이렇게 올라와요. 지금 제일 바쁠 때야, 지금 미역 철. 한 번씩 올라오면은, 항상 올라오면은 다른 가족들 많이 아니까…, 그 사람 올라오면 서로 밥 사주겠다는 사람이 많아. 그리 가면은 그리 가는 거지만 거의 같이 밥 먹을 때가 많으니까. 고맙죠, 그 친구도 고맙고…. 좌우지간 동거차도 가가지고… 더 마음이 좀 달라지는 건 뭐냐면 우리가 상하이샐비지 공사하는 거 백날 쳐다보면 뭐 하겠어요. 감추려고 하는 사람들이 나빴던, 나쁜 거지.

그리고 또 거기 선장들, 그때 여객선 타고 내가 나갔다 그랬잖아요. 여객선 타고 오면서 선장실에 내가 들어갔거든. 선장실에 들어가면서 내가 조도[세월호 인근의 섬] 연락선 타고 다니는 선장님한테 "선장님, 내가 여쭤볼 게 있습니다", 내가 그 얘기, "자식을 이 배에 태운 사람인데 저 수로에 들어가 보니까 물살이 굉장히 센데 선장님이 보시기에 16일 날 저녁때 들어갔다고 그랬잖아, 17일 날 들어갔으니까. 지금 애들이 지금 생존할 가능성이 있겠습니까?" 물어봤어요. 아무 소리 안 해. 이렇게 비껴 앉더라고. 그래서 나는 "아, 네. 그리고 하나만 더 여쭤보겠습니다. 방송에서 어선이 뭐 한 50척, 100척 가까이 왔었다는데 여기 병풍도는 무인도고 여기 서거하고 동거차도하고 그쪽 주위에 있는 섬에 어선 한 100척 됩니까?" 그랬더니 "한 50척이나 될려나?" 그러더라고. 그러니까 국가에서 이야기한 건 다 뻥이고 다 부풀려 놓은 거고….

윤희 아빠 진광영

맨날 밤중에 17일, 17, 18 뭐 밤마다 쏘는 조명탄 한 몇천, 한 천 발 이상 쐈을 거 같은데, 그 조명탄이 물속으로 들어가면서… 실제 적으로 동거차도 가까운 어족 자원은 다 없어진 거예요. (면담자 : 피 해 많이 보셨다고 하더라고요) 피해 많이 봤어요. 그 우리, 그나마 배에 있는 기름유출이라도 좀 적었으니까 다행이지, 실제 그 화약 때문에 미역도 다 뭐. 실제적으로 거기서 그 사고 났다는데 누가 그 동거차 도 미역 사 먹냐고요. 애들이 몇 명이나 그렇게 됐는데 안 사 먹지, 당연히. 피해도 많이 보고, 참 짠하기도 하고…. 어족 자원 자체가 없어져 버리는 거니까, 거기에 대한 보상을 해야 되는데 국가에서 보상을 제대로 안 하는 것도….

저도 개인적으로는 또 어민들한테도, 거기 있는 팽목에 있는 주 민들, 진도 주민들, 동거나 서거 그 주위에 섬에 있는 주민들 고맙기 도 하죠, 다 내 일같이 달려오는 사람들인데. 그 사람들 뱃놈, 뱃놈 하잖아. 배도 타본 사람이 하는 거고, 실제 그 사람들이 더 많이 구 했고. 박수는 못 쳐줄망정 보상이라도 제대로 해줬어야 되는데 끗발 도 없고 우리는 우리 것만 찾고 있었고, 아쉽기도 해요, 미안하기도 하고.

면담자　　　동거차도에서 감시단 활동 하실 때 기록으로 남겨야 되겠다 싶었던 장면들은 없으셨나요?

윤희 아빠　　　그때그때 보는 것마다 얘기는 하잖아요. 예를 들어서 밑에서 크레인이 내려가기 시작하면 밑에서 분명히 뭔가 끌어 올리 잖아. 끌어 올리는 걸 보면은 정확하게 잘 안 보이니까…. 용케 우리 갔을 때도 보면은 스태빌라이저가, 배 균형을 잡아주는 게 이렇게 양쪽에, 거기를 보면은 비닐같이 이렇게 양쪽으로 씌우는 게 있어, 스태빌라이저[에]. 그때 마침 스태빌라이저가 하나 잘라갖고 올라온 거 같더라고. 그래서 이런 물건이 있는데 이게 뭔가 그랬더니 "스태빌라이저"라 그러더라고. 그래서 "밑에서 뭐 하나 올라왔다" 그러면 일지에다 써놓고…. 그다음에 지금 외부에서 실제적으로 배가 네 개인가 그래요. 상하이샐비지에서 하는 배가 네 개가, 바지선도 하나 있고, 그다음에 작은 선박도 하나 있고, 물건 공급하는 선도 있고, 그것도 이제 이름도 다 잊어버렸네.

그다음에 왔다 갔다 하면서 물도 공급해 주고, 직접 와서 같이 이제 바지 옮길 때 이렇게 옮겨주고 하는 크레인같이 해주는 거 있는데…. 네 대가 이렇게 떠 있어, 이렇게. 바지선이, 바지선이 있으면, 바지선에서 작업을 하는 거니까. 바지선 방향 틀 때 이게 와서 돌려주고 작은 게 밀어주고…, 그다음에 작은 게 가끔 왔다 갔다 하면서 공급해 주는 거, 이제 네 개가 딱 떠 있는데, 하나가 안 보이면 이제 궁금하지 어디 갔나. 지금 몇 시고 하나가 어디 갔고, 또 저쪽에서 또 우리 배가 와가지고, 해경 함이 와가지고 접안하고 이런 거 해서 기록을 남겨놓죠.

근데 너무 멀어 가지고, 너무 먼 거야. 그래서 망원경 좀 사 오라고 했던 이유가, 사 오라고 했더니 혜선 아빠가 이걸 [쌍안경을] 사 왔어. 이걸 사 왔는데 잘 안보여. 나중에 세영 아빠가 이제 천체망원경 사 오니까 그건 잘 보이더라고. 근데 봐도 잘 몰라요. 실제적으로, 실제 작업하는 방향이 이렇게 돌아가 있으면은 뒤쪽만 보이기 때문에 앞에서 뭐 하는지 잘 안 보여.

면담자   유가족분들이 감시단 활동을 하시니까 상하이샐비지에서도 부담스러워하는 모습이 보이던가요?

윤희 아빠   당연히 부담스러워했겠죠. 거기에 이제 우리나라 조사관들도 있으니까…, 그러다 보니까 저희가 배 하나 가지고 있었던 거 알죠, 진실호라고. 오면은 진실호 타고도 뭐 가는 사람도 있고 접근하는 사람도 있지만은, 못 오게 철저하게 막고…. 부담은 가죠, 왜냐면 계속 쳐다보고 있으니까, 그게 자동으로 기록하고 있었으니까. 좀 더 아쉬웠던 거는 너무 좀 선명한 걸로 더 크게 해서 했어야 되는데…. 이제 저희도 카메라로 사진을 좀 찍어요, 이렇게. 찍으면은 안 보여. 많이 다 지워버리고 없는데….

면담자   거기에서 사람들이 뭘 하고 있는지 그 장면 장면을 정확하게 기록 남기기는 쉽지 않았던 거죠?

윤희 아빠   그렇죠. 지금 이런 거 같은 경우에 (핸드폰 사진을 보여주며) 동거차도 가면 아침에 딱 기상을 찍어서 보내, 올린다고 우리가. (면담자 : 네, 페이스북에 올리시는 거예요?) 아니, 페이스북이… 페이스북에[가] 아니고 우리 가족들끼리 동거차도 간 가족들 방이 따로 있었어, 카톡방이. 그러면 올리면은, "오늘 날씨가 이렇다. 바람이 이렇게 불고 지금 오늘 날씨가 이렇고 안개가 많이 끼어 있고 작업하는 상황도 잘 안 보이고" [하는 식으로 올려요]. 동영상 찍어서 항상 올리면은 아침 거, 어떤 때는 저녁 거, 바람 많이 불 때 찍어서 올리면은 가족들이 보고….

그다음에는 나름대로 우리가 밑에 내려와서 저기 왔다 갔다 한 거라든가, 그다음에 어떤 배가 접근했을 때 같은 때는 이거를 카메라를 천체망원경에다 이렇게 대고, 대고 이제, 대고 찍을 때가 있어요. 대고 이렇게 찍어서 보내면은 보기는 보지, 잘 보이니까. 근데 확확 움직이면은 이게 초점 맞추기가 힘들어 가지고 잡고, 잡고 하다 보면은 그냥 어떻게 하나 찍어서 보내는 거예요. (휴대폰 사진을 보여주며) 이것도 우리가 '노란 리본' 이거 그때 여러 분들이 돌로 우리가 만들어놓은 거거든. 이렇게… 돌 주워다가, 돌 주워다가 만들어놓고, 스프레이는 혜선 아빠가 그다음 날 들어와 가지고, 상준 아빠가 또 가서 뿌렸어. 이것도 우리 이거 "야, 여기 돌 많은데 이거라도 하나 하자", 의견은, 의견은 냈었지. 의견 냈고 욕도 많이 먹고, "힘들어 죽겠는데 그런 거 한다"고….

면담자 보존이 잘됐나요? 비 오면 스프레이가 다 지워지기도 했을 거 같은데.

윤희 아빠 그렇게 지워지지는 않아요, 지금까지 그래도…. "지금도 있냐?"고 동생한테 물어보는데 "있다"고는 하는데…. 그래도 해놓으니까 하나의 상징이 되어가지고. 〈비공개〉

면담자 아버님 동거차도 계속 오가고 계실 때 부모님을 돌보는 일도 동시에 하셨잖아요. 그게 되게 감당하기 힘드셨을 거 같은데 어떠셨어요?

윤희 아빠 일종의 또 따지고 보면은, 일종의 따지고 보면은 마음의 도피처도 됐지, 마음의 도피처도 됐고…. 그게 그 사이사이에 이제 돌아가신 거니까, [어머니는 동거차도 오기] 전에 돌아가시고 아버지는 그사이에 돌아가시고…. 일종의 나도 마음의 도피처가 된 거고, 나한테도 좀 마음의 도피처가 됐던 거 같아요.

면담자　네 번 다녀오시고 그다음에는 동거차도 간 적 없으시고요?

윤희 아빠　네 번 갔다 오고 그다음에 동거차도 갈 일이…. 개인적으로 이제 한번 갈려고 마음먹었다가, 이제 임영호 씨 그 아버님인가 어머니 장례식 때문에 목포 갔다가, 목포 갔다가 그냥 기억의 동산하고 팽목항만 들렀다가 오기도 하고…. 또 목포에 친구, 삼호중공업 다니는 친구 있으니까 그 친구 보러 한 번 갔다가 얼굴 한 번 보고 오고, 동거까지는 못 들어가고…. 가면은 어차피 팽목에 [있는] 기억의 동산까지는 돌아갔다 와야 되니까 그렇게 한두 번 갔다 오고 그랬어요.

5
유가족 관계 유지를 위한 노력

면담자　2015년에 제일 큰 이슈가 특조위 청문회 개최될 때잖아요?

윤희 아빠　그런 청문회들은 제가 한 번도 참석을 못 했어요. 왜냐면은 그때 정도 되면 직장생활 계속할 때고, 아버지, 어머니도 저기 했었으니까…. 그쪽은 내가 아니고 집사람이 다 갔고.

면담자 　어머님이 청문회나 간담회 다녀오신 후에 진행되는 상황들에 대해서 얘기를 나누시는 편이었나요?

윤희 아빠 　전혀 여쭤보지도 않고, 전혀 물어보지도 않았어요. (면담자 : 서로 얘기를 안 하셨어요?) 네. 왜냐면은 다 알아서 보고, 본인 나름대로 판단한 거나 내가 생각한 거나 틀릴 수, 약간 틀릴 수는 있겠지만, 괜히 고생하고 온 사람한테 말 한마디 잘못해서 저기 할까 봐서. 밴드에 다 올라오니까 [따로 물어보지는 않아요]. 그래서 저는 지금도 집사람이 밖에 나가서 활동하고 뭐 하는 거에 대해서 일체 이야기를 안 해요. 오히려 내가, 오히려 내가 집사람 속을 썩이는 편이지. [지금은] 직장도 그만두고 놀고 있으니까, 그런 편이지. 저는 우리 집사람이 어디 나가서 허투루 살 사람도 아니고 허투루 남한테 이야기할 사람이 아니기 때문에 철저하게 나는 집사람이 뭐 하는 거에 대해서 신경 안 써요. (면담자 : 믿고 계시는 거네요?) 네.

　그 대신 내가 집사람이 못 하는 부분이 있으면 내가 하는 거고, 집안일도. 욕 많이 먹죠. 골라갖고 해야 되는데 한 번에 때려 넣고 돌려버리니까, 세탁기 같은 경우. 그런 거 때문에 욕은 많이 먹지만, 그냥 좀 편하게 해주고 싶은데 편하게 못 해주니까. 2014년 4월 16일 이후로 우리는, 우리 부부는 참, 그 뒤로 가끔씩 허그는 한 번씩 할지는 모르겠지만, 둘이 같이 한방에서 자본 적이 없어요. 딸내미가 바로 앞방이잖아. 참 그것도 참 집사람한테 미안하기도 하고…, 그럴수록 더 안아주고 스킨십도 하고 그랬어야 되는데, 안 되더라고 마음속에서부터. 내 마음속 자체에서부터 전혀 안 돼. 좀 그래서 좀… 지금도 그래요, 그냥. 지금도 그냥 장난삼아서 이렇게나 하지.

윤희 아빠 진광영

우리 장모님도, 장모님도 처갓집 쪽으로 따지면은, 장모님도 연세 드셔가지고 아프시고. 〈비공개〉 우리 처가 식구들이 많아요. 언니들하고 해서 여자가 셋, 남자가 둘, 다섯인데 생전 우리는 김장이라는 걸 어머니 혼자 하셨지. 나는 처갓집 가서 김장하는 걸 너무 좋아해요, 진짜. 가면은 보통 뭐 두 접, 세 접 하니까, 200포기, 300포기 가까이 하니까, 마당에 심어놓은 것 다 해가지고⋯. 그러면 옛날나는 안 했지만, 나는 가면 뭐든지 열심히 하니까, 막냇사위가 안 가면 김장이 안 될 정도예요. 지금은 나 혼자도 김장을 담을 수 있는 정도가 되니까⋯. 그게 난 너무 좋았어요, 사람이 많이 모여서 한다는 게. 동서들하고도, 동서들하고 나하고 결혼한 지가 15년 막 15년, 12년 이렇게 차이 나니까, 우리가, 나는 늦게 했으니까. 그리고 나면 둘째 동서가 또 오산에 사니까, 식당 하니까 또 "김장하러 오라" 그러면 또 거기도 가서 또 해주고. 나는 좀 그런 게 좋아했어요. 2014년 4월 16일 이후로 카톡을 보내요, 여러 사람에게.

면담자　　　뭐라고 보내셨어요?

윤희 아빠　　　좋은 글, 우리 가족들, 우리 9반 가족들, 엄마들한테도. 어느 정도 시간이 지나고 이렇게 되고 난 뒤에도, 지금도 내가 보내요. 우리 반 엄마들, 내 핸드폰에 있지만 활동하는 엄마들. 남자들한테도 좋은 글이 있으면은 항상 이렇게 보내죠. 매일 보내다가 지금은 이제 일주일에 한 번 정도 이렇게 보내요.

면담자　　　많은 노력을 하시는 것 같은데, 그 이유는 가족들이 계속 같이했으면 하는 마음인가요?

윤희 아빠   항상 같이할 수는 없어요, 사람은. 항상 같이할 수는 없는데 누구라도 먼저 챙겨야…. 내가 먼저 그 사람한테 보살핌을 받으려고 하는 게 문제가 아니라, 내가 좀 시간이 있고 내가 좀 생각이 나면, '내가 먼저 해야 된다'고 생각하기 때문에 하는 거예요.

면담자   좀 버거울 때는 없으셨어요?

윤희 아빠   버거울 때는 안 해요. 어떤 때는 진짜 버겁다기보다도 어떤 때 나도 하기 싫을 때는 안 해. 내가 한 번 보내기 시작하면 보통 2, 300개씩 보내는데, 부산에 계시는 형님들. 친형님은 아니에요. 직장생활 하면서, 부산대우버스 자동차 회사에 다니는 거기 공장하고 거기 정년퇴직한 형님들…. 지금도 내가 형님, 형님 하면서 일부러 내가 보내고 하는, 너무 좋은 사람들을 만났기 때문에. "야, 부산 와라. 우리 집 텅텅 비어 있고, 나하고 둘밖에 없으니까, 우리 집에 와서도 한 달을 묵어도 좋으니까 언제든지 와라" 하시는 분이고. 애경사 다 챙기고 나도, 못 가면 봉투라도 보내고. 광주에 있는 조카들이고 뭐고 다…, 내가 좋아하는 사람들한테 다 보내. 물론 그중에 연락 안 오는 사람도 있지만, 다시 찾아가지고라도 한 번 정도, 뜬금없이 한 번씩 던질 때가 있어요. 내가 전화번호를 바꾼, 전화번호도 바꿔가지고 전화번호도 안 알려주고 하는 사람도 있어 가지고…. 근데 거의 카톡 보내면 내가 보낸지 다 알아요. 참 많이 내가, '시간이 남는 자여, 당신 인생에 도움이 안 될지는 모르지만 당신이 먼저 배려를 하면은 그 사람은 언젠가는 당신한테 꼭 어떠한 큰 선물을 주는 게 아니라, 한 번 정도는 답장을 해준다. 한 번 정도는 생각을 한다'

이제 그런 마음으로 보냈어요.

면담자   김관홍 씨가 타계하고 나서 아버님 심경에도 좀 변화가 있지 않았을까 싶은데요. 어떠셨어요?

윤희 아빠   정말 나는 탁 보고 첫눈에 딱 마음에 든 사람이었거든. 쟤가 또 우리 애들을 건져갖고 나왔는데, 그래서 그런 게 아니라 그냥 첫인상 딱 보니까 우락부락하게 생겼어. '이야, 저놈도 참 세상 군대생활도 좀 빡세게 했을 거 같고' 첫눈에 거기서 탁 봤을 때 마음에 들어서 내가 술 한잔 줬던 거야, "동생 삼고 싶다"고, "앞으로 내가 자주 만나고 싶다"고. 나중에 그리 못 봐서 저기 했지만…. 우리 찬민 형님이 관홍이 거 얼굴 목판 떠가지고 가져왔더라고. 그래서 그 우리 [동거차도] 천막, 카메라 있는 천막에다 위에다 걸어 달아놨어. 천막에다 달아놓고 들어갈 때마다 한 번씩 쳐다보고…. 또 관홍이 동상 세웠을 때는 내가 못 갔지만 동거차도 들어가기 전에 관홍이 동상 항상 쳐다보고. 여기 어깨에 '노란 리본' 걸어놓고, 손목에도 '노란 리본' 걸어놓고. 목걸이가 없어서 목걸이는 못 걸어주고 그랬는데…. 참 고마운 사람, 내 동생으로 데리고 있었으면 평생 고마운 사람이었을 텐데…. 그냥 좋았어요, 멋있었어, 내가 봤을 때도. 나도 저런 동생 하나 있었으면은…. 근데 욕도 많이 했어. 욕도 많이 했던 이유가 뭐냐면은 쟤가 이렇게 막 활동을 좀 많이 하고 해주었으면 했거든….

면담자   아버님께서 말씀해 주신 걸 통해서 유가족분들 사이에서 관계라든지 그런 걸 많이 알게 되는 거 같아요.

윤희 아빠   근데 유가족 간의 관계가 아니라 각 반. 왜냐면은 그 때는 이제 반별로 모일 수밖에 없었어요. 반별로 모였던 게 조금 아쉬웠던 게 뭐냐면은, 반별로 모였어도 교류 좀 하고 했어야 되는데…. 저 같은 경우는 사람들하고 많이 교류를 했으니까. 저는 다른 사람들보다 많이, 다른 사람들보다 좀 많이 하는 편이죠. 근데 우리는 애들 반별로 딱 모여보니까, 자식들 때문에 만났지만 다 얘기를 하면 다 틀리잖아요[다르잖아요], 뜻도 잘 안 맞고. 정말 어떨 때는 정말 화가 날 때도 많았었고…. 〈비공개〉

면담자   반별 특성에 따라 활동에 참여하시는 것도 다르다고 하시더라고요?

윤희 아빠   당연하죠. 나오라고 강요는 않지만, 이거는 강요해서 될 게 아니잖아요. 내 자식이니까 집안에 두 사람 중에 한 사람은 가야 되는 거거든. 근데 혼자 계시는 부모님은 못 올 수도 있어. 좀 그런 부분에서 좀 아쉽기도 했었어요.

6
제적처리 문제와 기억교실에 관해

면담자   2016년 얘기를 하고 있었는데요, 2016년에는 단원고에서 아이들을 제적처리 해버려서 문제가 생겼었죠. 그때 아버님은 회사에서 소식을 들으셨나요?

윤희 아빠   네, 그때 저는 제적처리 문제는 나중에 들었어요, 학교는 집사람이 갔었고. 제적처리 문제라는 거는… 전 화가 좀 많이 났었어요. 졸업식 때, 명예졸업식도 했지만은 저는… 화랑유원지에 우리가 꽤 오랫동안 있었잖아요. 근데 그렇게 꽤 오래 있었는데 조금 더 오래 있어도 관계는 없었거든요. 근데 대책협의회에서 결정을 지었기 때문에 따라갔던 거고. 반대론자였죠, 저는. "이거 저기서 내주면 안 된다. 그냥 놔둬라. 놔두자. 모든 게 끝날 때까지 놔둬주고, 추모공원까지 세워놓고 합동영결식 할 때 대통령도 오시고 한꺼번에 할 때 다 하고, 아울러 거기서 명예졸업장까지 싹 받는 그런 게 낫지 않느냐…". 진짜 '합동영결식을 해야 끝난다'고 생각을 했었거든요.

그런 합동영결식은 나는 반대했었어요, 솔직히. (면담자 : 4주기 말씀하시는 거죠?) 네. 그렇게까지…, 참 그건 좀 너무 아쉬웠어. 아무것도 준비되지 않는 상태에서 애들 추모공원도, 애들 추모공원은 봉헌당이지만 그것도 첫 삽도 못 떠보고 저렇게 내줬다는, 내줘야 된다는 게…. 진짜 강력한 반대론자였었는데, 나 혼자 떠들어서는 될 일도 아니고, 같이 가면 따라줘야 되는 입장은 맞는 거니까. 제적처리를 했다는데 정말 뚜껑이 열려가지고…. 정말 거짓말이 아니라 쉽게 생각하면은 울분을 가라앉히지 못한다면 교장한테, 교장 혼자 갈 때 잡아다가 진짜…. 전부 솔직히 죽여버리고 싶은 생각도 많이 있었어요. 진짜 조용히 데려다가 그냥 싹 묻어버리고 싶은 생각도 엄청나게 많았어, 막, 거짓말이 아니라.

그 사람들뿐만이 아니라, 그래 갖고 될 일은 아니니까, 그런 행정밖에 못 하나? 내가 아시는 분이 장학사로 계시는 분들이 있었거든, 교육청에, 지금은 여기 초등학교 교장으로 가셨지만. 참 물어보고 싶었어요, 솔직히. (면담자 : 무슨 질문을 하고 싶으셨어요?) 그거 때문에⋯. 근데 우리 후배, 지금도 만나는 후배가 있는데, 계속 같이 만나니까 이야기했더니 "형, 그거 하지 마", "서로 이 사람도 곤란하고 아예 안 하는 게 낫지 않겠느냐", "형, 그냥 따라가. 형 혼자만 똑똑하다 나서서 되는 거 아니잖아?" [하더라고요]. 당연히 아니라고 생각했고, 그런 얘기가 지금 [와서 보면] 그때 나와야 될 때도 아니었어.

면담자　　　그때가 이제 아이들 교실 존치 문제도 있었죠?

윤희 아빠　　당연히 아이들 교실은 존치를 해야 되는 건 맞는 거예요. 그냥 남들이 봤을 때는 우리 "가족들이 너무 그러는 거 아니냐? 그까짓 책상이 뭐라고" [할지 모르지만], 내 자식, 본인 자식이 아니면은, 이제 쉽게 생각하면 '내가 아니면 돼' 이거하고 똑같은 거니까, 본인이 닥쳐보지 않으면 그걸 모르는 거예요. 뭐라도 하나 어떻고, 정말 어떻게 생각하면은 "학교도 한 번 안 가본 사람이 자식 학교 보내놓고, 어디 앉았는지도 모르는 사람이 이제 와서" 그런 얘기도 나올 수는 있잖아요. 앞뒤가 있어야 되는데⋯. 우리나라 행정부는 참 하는 거 보면은 국민들이 어떠한 상처를 받으면 어루만지고 달래줄 주도 모르고⋯. 참 너무 아쉬웠어, 솔직히.

　진짜 우리나라 총기 규제를 했기 때문에 다행이지, 총기 규제를 안 했으면은 많이 죽었을 거예요, 나부터도 총 들고 가서 다 죽여버리고 나가면 그만이니까. 그런 극단적인 생각을 많이 했었어요, 솔직히. 그 교장선생님 하는 얘기도 그랬었고, 그전에도 부모들 거기 와가지고 [이야기를 하면], 왜 먼저 좀 배려를 해가면서 조금 필요한 부분 요만큼이라도 조금 양보를 받을 생각을 안 하고 무조건 처음부터 아니라고 해버리면은 대화 자체가 끊어져 버리는 거잖아. 교장선생님 나하고 이름이 좀 비슷하거든. 부르기가 좀 그래요, 비슷해, 그런 것도 좀 그렇고…. 아니라고 봤었어요, 솔직히. 그때 나와야 될 얘기가 전혀 아니었어.

면담자   단원고가 아이들 교실을 철거하려 한 것도 또 우연히 알게 됐다는 거잖아요?

윤희 아빠   그쵸, 나름대로 다 우리 학부모들도 다 보고 있으니까. 근데 언젠가는 다 나와야 될 얘기였어, 감춘다고 해서 될 일은 아니니까.

면담자   그러면서 아버님도 피케팅을 하셨던 거죠, 교육청 앞에서? (윤희 아빠 : 피케팅이요?) 경기도교육청 앞에서 피케팅하지 않으셨어요?

윤희 아빠   아, 나는 그쪽으로는…. 시내에서 해도, 보조적인 그런 거는 해도 그렇게 나가서 하는 거는 전혀 그쪽에 못 나갔어요. 어쨌든 간에 뭐 아버지 돌아가실 때까지는 전혀 그런 건 없었고, 그냥 철저하게 집사람이 다… [했고, 나는] 외부나 광화문 가고 이런 것도 못 했으니까. 처음에 갔을 때 빼놓고는, 청운동 가고 했을 때 그때 빼놓고는 그 뒤로는 전혀 그냥….

면담자   교실 옮기기 시작했을 때 아버님 마음은 좀 어떠셨나요?

윤희 아빠   그때는 저는 이제 개인적으로 따지면 반반이었어요.

'옮겨야 된다, 안 옮겨야 된다' 반반이었어요. 근데 뻔히 나올 얘기였으니까…. 신입생도 들어오고 해야 되니까 분명히… '애들도, 생존자들도 있지만은 거기 다니는 학생 애들도 얼마나 마음이 좀 아프겠느냐, 눈에 보이는 거 아무래도 차이가 있는데…. 그렇다고 계속 가져갈 수 없는 거였다'고 생각을 했는데, 저는 개인적으로 반반이었어요. 애들을 생각하면은 옮겨줘야 되는 게 맞는 거고, 우리 애들을 생각한다면 존치를 해야 되는 게 맞는 거고. 근데 그런 걸 딱 부러지게 하는, 해야 될 이 사람들이 못 했던 거지. 말 그대로 우리가 못 한다고 해도 일일이 쫓아다니면서 설득이라도 해가지고 "이렇게 해야 됩니다", 그리고 한편으로는 또 참 뭐라고 해야 되냐, 학부모들도 좀 같은 동네에 살잖아, 다. 근데 그 학부모들도 참 하는 얘기 들어보니까 참나 '야, 이게 이웃사촌인가?' 이런 생각도 들었었고. 근데 저는 50 대 50이었어요.

면담자   혹시 그때 들으셨던 얘기 중에 제일 상처가 되는 말이 있으셨나요?

윤희 아빠   많죠. 지금하고 똑같은 거예요. 아니, 애들…, 누가 이야기했던 얘기나 똑같을 거예요, 내가 쌍소리를 안 해서 그렇지. "애들…, 우리 아이 학교 입학도 해야 되고, 쟤들 [유가족들]은 다 이제 애들 다 갔는데, 다 갔는데 군이 저렇게 자꾸 늘어지려고 그러냐"고, 이런 얘기도 들었었고 별의별 얘기 다 들었어요. 나는 주위에, 내 주위에 내가 가까이 있던 사람들도 다 만나봐야 아무런 의미가 없었어요. 그래서 핸드폰에 전화번호 정리하기 시작했던 거야. 많이 정리

했어요.

면담자   그런 일을 당해도, 유가족들이 함께여서 그나마 견디실 수 있었겠네요.

윤희 아빠   동병상련이라고, 그래도 이해해 줄 사람들은 이 사람들밖에 없어요. 지금 이렇게 몇몇 후배들, 동생들 내가 몇 사람은 만나지만은, 그때부터도 만나면은 꼭 마지막 하는 얘기가, 답이 뭐였냐면 돈 얘기였어. 아예 다 잘라버렸어, 다. 아예 안 만나자.

7
탄핵 국면과 이후 정권에 대한 평가

면담자   2016년 말부터는 촛불시위하고 대통령 탄핵 얘기가 나오기 시작하는 국면이었잖아요?

윤희 아빠   저는 촛불시위 참석 한 번도 못 해봤습니다. 항상 지지했고, 파란 밴드 하니까 저도, '잘하겠지' [하고 기대하면서요]. 저, 왜냐면은 분명히 이 정권은 바뀌어야 되는 거고 다음 정권으로 넘어가야 저희한테도 어떠한 진짜 진실이…. 금방 밝혀질 수는 없는 거잖아, 근데. 그 [다음] 정권이 끝나기 전까지는 모든 게 다 해결이 되겠지. 근데 뭐 저희 것만 보고 있는 거 아니잖아요. 경제가 어려운데, 청년층도 떠나고 있는데…. 아쉽기도 하지만 좌우지간 바뀌기를 바랐던 부분이었고, 열렬하게 활동 이것까지는 못했지만 100프로 나름대로 선거운동도 했으니까. "이번에 안 바꾸면 안 된다", 내 카톡에 있는 사람들 다, 조기 축구고 뭐고 주위에 있는 사람들 다 "이번에 바꾸자"[라고 보냈어요].

면담자　　박근혜 탄핵 선고받은 날 기분은 좀 어떠셨나요?

윤희 아빠　　당연한 거 아니겠습니까? 당연한 거 가지고 뭐 기분이 좋은지 나쁜지가 아니라, 사실상 따지고 보면 그런 일이 없어야 되잖아요. 없어야 되는데, '속이 후련하다, 속이 시원하다' 이런 생각보다도 '당연한 건데, 이 당연한 거를 절차가 이렇게 복잡해야 되나…'. 좀 그런 생각도 했었고, 후련하다는 생각은 없었어요. 후련할 수가 없었으니까, 어차피 그 뒤에 또 이어져야 되는 거고.

면담자　　2017년 3월부터 선조위[세월호선체조사위원회]가 출범해 조사를 하잖아요. 그때 혹시 아버님은 목포나 팽목에 가셨나요?

윤희 아빠　　선조위 출범해 가지고 배 인양하고, 인양 뭐 났을 때 선조위 쪽은 못 갔고…. 어차피 팽목 들어가서 상하이샐비지 들어오는 거, 인양하는 걸 봤으니까. 그때 이제… 우리 때 내가 [동거차도에] 마지막 들어갔을 때인가? 거의 작업이 밑에 이제, 밑에 마지막 빔들이 설치되고 있던 상태였어. 내가 조금만 더 있었으면 봤을 거야, 거기서. 근데 우리 날짜가 끝난 바람에 나와서 그러는데…. 항상 그 이제 안쪽에 물어보고 있었으니까…. "지금 어디까지 들어갔다, 어디까지 들어갔다" 그래 가지고 이제 "어느 정도 들어가 가지고 어느 시점이면 되겠다?" 이런 것도 많이 물어보고 있었고, 또 조금 기술적으로 부족한 부분은 삼호중공업에 있는 친구를 통해서라도 많이 물어봤고, 그 친구는 어차피 조선 기술자고 하다 보니까 나름대로 많이 물어봤고, 또 실제 삼호중공업 내부에서도 우리 가족들을 많이 지지를 해줬고….

선체 직립할 때도 마찬가지지만, 그런 부분에서는 좀 많이… 따지고 보면 아쉬운 게 많죠. 진작 했어야 될 일들을… 우리 동수 아빠가 지금 고생을 많이 하고 있는데, 모든 걸 다 제끼[치]고 저렇게 열심히 하는 것도 내가 보니까 참 미안하기도 하고 존경스럽기도 하고. 영석 아빠도 내 옆에서 국회 [의원]회관 안쪽에 그 약간 내려오면 쉬는 데 있는데, 담배 피는 데가 있는데 옆에서 "형님" [하면서] 담배 한 대 서로 줘가면서 피면서 '쟤도 저렇게까지 오래 있으리라' 생각 못 했었어, 민지 아빠도 그렇고. 동원이 같은 경우는 생존 학생 [부모]이잖아, 동원이도 그렇고. 경근이는, 예은 아빠 같은 경우는 그래도 우리 가족들 중에 제일 많이 배운 사람이야, 제일 똑똑하기도 하고. 팽목에서도 나한테 얘기하기도 하고…. 또 내가 강릉에, 강릉에 가족, 그 영월에서 사는 친구, 두 친구가 같이 강릉 시민극장 앞에 가가지고 이야기할 때도, 그때 상황을 이야기하면서도…, 거기 또 계시는 분이 와서 식사 대접을 시켜주는데 보니까 예은 아빠하고 잘 알더라고. 역시 배운 사람들은 선후배 관계도 잘돼 있고…. 우리 찬호 아빠, 명선이 삐쩍 말라가지고 허리도 아픈데, 조목조목 얘기 잘하기에…, 나는 2기, "2기는 전명선이 돼야 된다. 명선이가 돼야 된다" 강력하게 막 이야기했던 사람이에요. '저런 사람 없다', 쉽게 생각하면, 내가 해서 되는 것도 아니지만 '나는 그 사람을 전적으로 떠다 밀어야 된다'고 생각을 했던 사람이었어.

면담자　　　특히 어떤 점에서 지지를 하신 건가요?

윤희 아빠   굉장히 말하는 것도 조목조목하고, 이야기하는 게 상당히 전달력도 좋고 그랬었어, 팽목에서 내가 느꼈을 때도. 〈비공개〉

면담자   선조위 활동 할 때가 선거를 앞두고 있는 시점이었잖아요. 아버님은 문재인 대통령을 지지하면서 특히 바라셨던 점 같은 게 있으신가요?

윤희 아빠   문재인 대통령을 지지를 했을 때는, 가장 단순하게 이야기하면은 대한민국 정당이 양당제가 아니고 다당제잖아요, 지금. 다당제인데 그나마 제일 큰 야당이고, 또 민주당을 기반으로 하는 호남, 호남을 기반으로 하는…, 물론 그분들은 호남 사람은 아니지만, 민주당 전신, 후신, 후신이니까 전신으로부터 이어받은 사람들이니까…. 가장 단순하게 이야기하면은 일단 2번이니까 했던 거지만, 가장 큰 거는 우리만의 욕심이지. 우리 애들에 대한, 세월호 대통령 7시간부터 해가지고 모든 게 싹 밝혀졌으면 하는 그런 바람에서 적극적으로…. 차라리 그냥 나 혼자 가서 찍으면 끝나는 거지만 적극적으로 독려했던 거고, 그런 부분이죠. 말 그대로 뭐 대통령으로 올라와 가지고 할 수 있는 분이 없었어, 솔직한 심정으로는. 나는 개인적으로는 문재인 대통령은 준비된 대통령은 아니라고 생각했었으니까.

면담자   혹시 그 마음속에 생각하고 계시던 준비된 대통령감이 있으셨나요?

윤희 아빠   없었어요, 대한민국에 그만한 사람이 없었어. 그러면은 예를 들어서 고건이나 이런 사람들, 정통 관료가 한다고 해도 그 사람들 다 보수야. 아무도 없었어. 근데 그래도 많이 지지받고 했던 사람이 문재인 대통령인데, 나는 5년만 더 있다가 했으면 하는 바람이었었거든. 요즘 대통령은 경제를 알아야 대통령을 할 수가 있어요. 근데 우리나라는 거의 법조인들이 많이 하잖아? 유일하게 경제인이라고 하면 누가 있습니까? (면담자 : 이명박요? (웃음)) 어, 몇 조 처박은 사람. 근데 옛날, 옛날 생업 경제인은 김대중 대통령 하나밖에 없어요, 선거 나와서. 그래도 그 사람도 다 너무 아집만 있어 가지고, 김영삼 대통령 보면 뭐 아버지가 잘살았는데 그러니까 무슨, 뭘 알겠어요.

우리 문재인 대통령이…, 나는 지금도 대통령 혼자 잘하려고 해서 되는 건 아니잖아요. 대통령은 5년이고 공무원은 30년이고, 공무원들이 움직여야 되는데…. 그래서 대통령 5년 단임제는 반대하는 편이에요. (면담자 : 중임제를 지지하시나요?) 중임제는 해야 돼요. 최대한 정권[의 정책]을 피려면은 미국 같이 중임제로 갔어야 돼, 물론 투표를 거치, 투표를 거치지만. 그런 부분이 좀…. 참 잘했으면 하는 바람이었는데 참 이렇게 경제 쪽으로 안 풀리고 있다 보니까 아쉽기도 하네요.

면담자   세월호 문제에 대해서 문재인 대통령의 행보는 어떻게 평가를 하시나요?

윤희 아빠   대통령의 행보라고 할 것도 없지만, 물론 대통령한테 결재도 맡아야 되니까, 대통령한네 결재 맡아서 될 일은 아닌 거고…. 이미 대내외적으로 '세월호라는 사건을 기반으로 해서 이 나라 정권이 이렇게 어쨌든 간에 몇 프로 한 4, 50프로, 50프로 정도는 바뀌지 않았느냐?' 이런 생각도 가지고 있기 때문에…. 잘하려고 생각을 했었지만 중간에 관료들이, 실질적으로 책임 부서 관료들이 잘해야 되는데…, 제가 봤을 때는 뚜렷하게 잘하는 거 같지는 않아요, 솔직히 지금도. 물론 판결이라는 거는, 법원에서 판결을 내겠지만 사법부부터 저러고 있었으니까 어떻게 날지는…, 분명히 대한민국 [대통령지정기록물 보호 기간이] 30년이니까 30년 안에 어떠한 판결은 나겠지만, 어떻게 날지는 모르겠어요, 솔직히. 사법농단부터, 그 중간에 끼어 있던 거니까 그거를 어떻게 바로잡고…. 우리나라는 반일 청산을 못 해서 나라가 이 모양 이 꼴이 된 건데. 많잖아요, 솔직히 따져보면은, 확실히 뭔가는 좀 바꿔놓고 나갔으면 하는 바람인데 공무원들이 복지부동하고 있고 강단이 없다 보니까….

면담자   아직 갈 길이 멀다고 판단하시는 거네요?

윤희 아빠   갈 길이 머시죠. 빨리 바뀌서, 한 번 더 지지받아서 했으면 쓰겠는데, 내가 봐도 젊은 층들이 안 뽑아줄 거 같아, 오히려 보수들은 더 안 뽑아줄 거 같고. 그나마 이제 팬들은, 그분들은 찍어주겠지만 "한 번 더" [하고] 외치면서.

8
4주기 영결추도식

면담자   2018년이 되면 〈그날, 바다〉라는 영화가 개봉하는데,

(윤희 아빠 : 안 봤습니다) 안 보셨나요? 얘기는 좀 전해 들으셨나요?

윤희 아빠　　〈그날, 바다〉, 뭐 엄마 지금 나오는 거 있잖아요. 그다음에 그쪽에 관련된 영화는 일체 하나도 안 봤습니다.

면담자　　일부러 더 안 보시는 거예요? (윤희 아빠 : 예) 이유가 있으신 건가요?

윤희 아빠　　보기 싫어서요. (울먹이며) 제일 내가 생각을 안 하는 게 뭐냐면은, 항상 물이 여기까지 찼다는 거를 생각 안 해. 애들이 여기 있을 거 아니에요, 이제. 제일 하기 싫은 생각이 그 생각인데, 나도 모르게 그 생각을 해. 그러니까 나도 어느 때는 숨이 탁 막히는 폐소공포증이라 그럴까, 그럴 때가 있어요, 미치고 싶을 때가. 그래서 될 수 있으면은 옛날에 봤던 뭐 〈타이타닉〉이나 〈포세이돈 어드벤처〉 이런 거는 잘 안 봐요. 막 극적으로 다가오는 이런 영화를 잘 안 봐. 아예 보고 싶은 생각 자체가 없었어요, 저는. 지금도 안 봐요, 솔직히. 다시 보면 되잖아, 혼자 봐도 되고. 그런데 아예 보고 싶은 생각 자체가 없어요. 집사람이 이제 가서 보고 오면은 뭐 물어보고 싶은 마음도 있지만 물어보지도 않고, 아예. 보고 싶으면 보면 되니까, 핸드폰만 켜면 나오는데. 아예, 그냥 아예 안 봅니다.

면담자　　그리고 2018년에는 4주기 영결추도식이 있었는데요.

윤희 아빠　　4주기 영결추도식 때 안 갔어요, 저. 모르겠습니다. 집사람은 뭐, 집사람은 간 거 같은데, 나는 가지 말자고 했었어요. 아무런 의미가 없다고 그랬어, 나는. 나는 5주기… 3주기까지는 갔는데 4주기부터 안 갔어요. 5주기도 저는 안 가요. 의미가 없어요. 최소한 국가원수가 와서 진짜 한 번 정도는 자리를 빛내줄 필요가 있었어요. 그거에 좀 실망을 했고, 정치인들 많이 와가지고 하는 것도 싫고. 거짓말이 아니라, 김문수 내 앞에 와서 악수하고 지랄 개떨, 다 떨었지만 한두 명입니까? 돌아서면은 똑같은 놈들이고. 그것도 노동운동 했던 놈들….

안산시 단원구 (한숨) 국회의원 해보겠다고 나온 야당 놈들도 서로 단합 하나 못 해가지고, 전국에 아는, 전국에 나를 아는, 전국에 있는 사람들이 욕해요, 전부 다. "야 느그 구에서, 어떻게 애들이 그렇게 죽었는데 하나도 안 나오냐?" [하는데] 할 얘기 없더라고. 김명연 의원 만나가지고 얘기해 봐야…, 길거리에서 우연찮게 만나갖고도 얘기해 봐야 의미가 없어요. 나도 처다보도 안 해요. 나 축구협회 이쪽, 축구회에 있으면서 회장 뭐 하고 있으면은 선거 때 되면 다 오잖아, 유세 때. 엊그제 왔다가 와가지고, 같이 앉아서 음식 차려놓은 음식 먹고 떠들고 가는데도 내가 "우리 애들 결정 난 거, 시의회에서 결정 난 거 좀 전폭적으로 해가지고 같이 갑시다" [해도 결국] 각 아파트 옆에마다 "납골당 반대". 할 얘기가 없어요, 저런 사람들하고는. 오면은 좀 많이 반대를, 못 오게 했지, 딱 2년 동안 [내가 회장] 할 때는 내가 못 오게 했었어. 그래도 참 파고들어 오는 거 보면 기가 막힙니다.

면담자　　　　그 참사 이후에 정말 많은 정치인들의 행태를 지켜보셨잖아요? (윤희 아빠 : 많이 봤죠) 그러면서 정치에 대한 생각도 좀 변하지 않으셨을까 싶은데, 어떠신가요?

대한민국은, 우리 보통 이야기하잖아요? "386세대, 베이비부머세대가 가야 이 나라가 바뀐다"고 그러는데, 386세대가 있었기 때문에 그나마 독재체제도 타도를 시켰고…. 어느 정도, 이제 시간은 지나면서 그렇게, 그렇게 자꾸 디딤돌을 놓고 가는 건데…. 가끔 우스갯소리로 그런 얘기 많이 하죠. "정치도 시험 보면 똑똑한 놈이 된다", "정치인도 경제, 사법, 행정 모든 하물며 생활 민원까지 시험을 보게 만들어라", "그리고 나이는 40대 중반부터 시작을 하자", "그다음에 65세 이하에 정년퇴직", 그런 얘기 우스갯소리도 많이 했어요.

그런데 우리나라 정치가 바뀌어야 된다는 생각은 많이 하는데, 일단은 국민이 먼저 바뀌어야 되고…. 요즘 젊은 사람들은 많이 바뀌었어요. 근데 옛날같이 이제 제 위에 선배들, 막걸리 한잔에다가 고무신 받은 사람들은 다 죽어야 되고. 그다음에 저희 친구들도 보면은 꼴통, 꼴통보수들이 많아. 생각이 좀 닫혀 있는 애들이 많더라고. 그러면 우리 386세대도 반은 죽어야 돼. 어차피 시간이 지나면 죽게 돼있어요. 얼마 안 남았어. 그때부터 바뀌는 거야. 정치인은 100프로 바뀌어야 돼요.

바뀌는 게 뭐냐면은 국회의원들이 가지고 있는 특권을 다 내려놓아야 돼. '국회의원 숫자를 나는 늘려야 된다'고 생각을 하는 입장이에요, 줄이는 게 아니라. 늘려주되 혜택 줄이고, 면책특권 줄이고, 거기에 가는 보좌관 숫자들 줄이고 본인이 직접 뛰어서 하고. 나가는 급여도 그냥 줄이고 하면 되니까. '그 사람들이 받고 있는 혜택을 최소한의 혜택만 놓고 다 줄여놓으면은 국회의원 숫자는 300명 아니라 600명 있어도 된다고, 돼야 된다'고 생각을 해요. 그러면은, 쉽게 생각하면 일종의 공무원이 되는 거죠, 5년제 공무원, 4년제 공무원 이런 식으로.

바뀌어야 되는 거는 옛날같이 운동해서 유치, 구치소에 갔다 오고 수감생활을 해야만이 정치를 하는 게 아니고, 철저하게 인성… 청문회 하잖아요. 재산 같은 거, 이런 거 털어서 먼지 안 나올 사람 하나도 없다는 게 누구나 다 맞아요. 지금 깨끗한 사람도 집에 들어오면 미세먼지 묻어갖고 들어와 가지고, 탁탁 털면 다 나와. 좀 더 젊은 사람들도 좀 나와야 되고, 그러기 위해서는 노동운동가, 하물며 농민운동가, 하물며 목회자, 하물며 종교계에 있는 사람이라도 다 누구든지 나와도 상관은 없어. 그 대신 아까도 이야기했듯이 모든 걸 다 내려놓아야 돼. 근데 그럴 사람은 아무도 없다는 거예요. 그럴 사람이 없다는 거예요. 그걸 좀 이슈화를 시켜가지고 진짜 막 그거 촛불같이 그런 거나 한번 일어났으면 쓰겠어.

면담자   아까 말씀해 주실 때 요즘 국민들은 좀 바뀌고 있다는 걸 느끼셨다고 했는데, 그걸 느끼신 장면이나 계기 같은 게 있으신 건가요?

윤희 아빠   요즘 사람들이요? 일단은 자기주장이 똑바르고, 보면은 자기 생각들이 굉장히… 뭐 내가 이 사람은 이렇게 하고 이렇게 하고가 아니라, 이렇게 가도 되는데, 이렇게 가도 되는데…, 논리적인 사람들이에요, 상당히. 젊은 사람들이 보니까 나름대로 자기들끼리 좀 토론도 할 줄 알고, 또 일단은 한 가지 틀린[다른] 건 뭐냐면은

윤희 아빠 진광영

우리는 그래도 '나는 자랑스러운 태극기 앞에 조국과 민족의 무궁한 발전을 위하여 몸과 마음을 바쳐 충성을 다할 것을' 이런 세대인데 (면담자 : 외우고 계시네요, 아직도) 지금 그럴 사람들은 아니잖아. 일단 은 '나'란 말이야, 나. 내 가족도 아니야. 일단 젊은 사람들은 '나'야. 나라는 게 나쁘다는 게 아니더란 얘기지, 나중에 이야기해 보니까.

나름대로 국가관도 가지고 있고 자기 철학도 가지고 있는데, 나 야. 상당히 그런 게 좀 좋았는데, 우리의 미래는 참 밝다고 나는 생 각은 해요. 생각은 하는데… 경제도 안 좋고 하다 보니까 인구는 자 꾸 줄어들고 노령인구는 늘어나고 봉양해야 될 세대, 돈을 내야 될 세대들이 고생을 하겠다는 생각이 좀 많이 들어가 있는데…. 그런 점이 좋았어요. 보통, 우리 보통 옛날 같으면 마이크 대주면 이야기 못 합니다. 근데 요즘 젊은이들은 할 얘기 다 해요. 그런 게 참 '야, 보기 좋구나' [싶더라고]. 나는 우리 딸도 생전 뭐 얘기하라 하면 얘기 안 하는데, 뭐 어떤 때 보면, 자기 할 얘기 다 하는 거 보면은 '애들 주관 참 좋구나. 애들이 고등학교 다닌다고 해가지고 애들로 생각을 하고, 중학교 다닐 때 애들로 생각했는데, 애들이 아니구나. 애들도 다 철이 들어 있는데 자기 또래들하고 같이 어울리기 때문에 그런 표현만 하는 거지. 실제 내가 애들하고 대화를 많이 안 해봤구나' 이 런 생각을 많이 느꼈어요.

면담자　　실제로 만나서 대화를 해보신 경험에서 느끼신 건가요?

윤희 아빠　　저는 원래 젊은 사람들하고 원래 이야기 많이 하는 스 타일이에요. 근데 걔들이 느끼기에는 잔소리로 느낄지는 모르지만

'왕년에' 이런 얘기는 잘 않죠. 근데 병원에 있으면서도 젊은 친구 다 쳐갖고 왔길래 내가 먼저 가서 말도 걸고 하지만, 보면은 '참 아직은, 애들 보면 아직 미래는 밝구나' 하는 생각이 많이 들어요.

9
참사 후 교육에 대한 인식, 가족관계 변화

면담자　　　혹시 그 참사 이후에 종교나 한국 사회의 교육에 대한 인식이 변하신 게 있나요?

윤희 아빠　　　교육에 대한 인식이라기보다는, 분명히 교육은, 어느 나라고 간에 교육은 백년지대계라 그러잖아요. 꼭 배워야 되는 거고, 사람이니까, 만물의 영장인 인간이니까 배워야 되는 건 사실이잖아요. 현대사회가 이렇게 급속도로 발전하고 있는데 안 배우고 있으면은 따라가지를 못하는 거예요. 또래들도 마찬가지, 지금 젊은 친구들도 마찬가지고. 말도 뭐 자기들끼리 조금씩 줄여서 하는 것도 우리는 모르잖아요. 자기 또래들은 다 알고 있어야 되거든.

　　이제 좀 그런 부분에서 보면은 좀 교육에 대해서나 대학, 특히 대학 같은 경우는, '대학은 다 누구나 다 들어가게 해줘야 된다, 어느 대학이 됐든 간에'. 나는 이제 프랑스 모델을 좀 많이 삼는데, 1대학, 2대학, 3대학 이렇게 해가지고 아니면은 그냥 ABCD로 가도 상관없으니까. 당연히 공부 잘하는 사람들은 서울대로 가면 서울대로 가서 서로 봐야 되겠죠, 그러면 서울1대학, 2대학, 3대학 이렇게 하면 되는 거니까. 대학을 다 입학을 시켜주되 본인이 자퇴하면 어쩔 수 없고 시험을 통과를 하지 못하는 한 졸업을 못 하는 거고. 그리고 대학은 누구나 가서 공부할 수 있는 곳[이지만], 물론 그 안에서 논문이 우수하고 박사학위 따고 석사학위 따고 그런 사람들은, 좋은 인재들은 말 그대로 좋은 데 가야 되겠죠, 본인들이 희망하는 곳에. 능력이 없는 애들이 가 있을 수는 없잖아요. 그러면 각기, 각자 각 요소에 꼭 그 자리에 갈 사람들 다 나온단 말입니다, 또 나름대로 노력할 것이고.

서울대, 서울연고, 스카이 이런 게 없는 나라. '나 서울에 1대학 다녀', 강북에 1대학, 강남에 2대학 다니고 다 졸업장에 강남 1대학, 2대학이야. 근데 또 그것도 금방 표시가 날걸, 또 우리나라 사람들은, 원체 또 따지는 게 있어 가지고. "야, 1대학은 뭐 변호사들이 많이 나오더라" 그럼 1대학에는 법과가 좋고, 2대학에는 뭐 신문방송학과 나누면 되는 거예요, 찢어발기면 되는 거야. 그런 거를 좀 많이 생각을 했고요. 특히나 또 이제 고등학교하고 초등학교, 고등학교, 중학교 교육을 우리는 6년제, 3년제, 3년제 그렇게 하고 있잖아요. 외국 같은 경우는 12학년제 이런 식으로 가기도 하는데, 상당히 난 그것도 괜찮다고 생각하는 게, 애들한테 수학, 영어 당연히 배워야 되죠. 건물이 하나 올라가도 수학이 필요하고, 하물며 국가가 살려면 대외무역도 해야 되고 하다 보니까 영어도 필요하고, 만국공통어도 필요한 거니까.

애들한테 뭐 여러 가지 많이 가르쳐야 되겠지만, 경제를 좀 가르쳤으면 하는 바람이 많이 들었어, 초등학교 때부터 돼지 저금통에 동전 넣는 법부터 그리고 은행에 어떻게 가서 하는 법부터, 동사무소 가서 뭐 떼는 것부터. 중학교 올라가면 그보다 좀 한 단계 더 위에, 화투를 어떻게 치는 방법 이런 게 아니고 주식을 하는 방법이 아니고 주식이란 거는 기업, 기업이 발행을 하지만 기업을 더 살릴 수도 있고… 이런 거, 좀 정의라든가, 그런 경제 공부를 많이 시켰으면 하는 그런 바람이 좀 많이 들었어요.

면담자   혹시 그런 생각을 하시게 된 계기 같은 게 있으신가요?

윤희 아빠   저희가 그런 걸 못 했고, 저희가 지금 예를 들어서 생활에 민법이라든가 다 주위에서 내가 직접 겪어야 하는 거고, 내가 직접 동사무소 가봐야 되고, 직접 내가 은행에 가봐야 되고, 직접 내가 뭐라도 써봐야 느끼는 거잖아요, 아니면 내 주위에 아는 사람을 통해 느끼는 거고. 그래서 이제 좀 더 그런 걸 알게 되면은 국가적으로도 본인, 본인도 조금 따지고 보면은 불필요한 시간적으로도 좀 많이 아낄 수 있지 않냐, 초도, 시간도 돈이 아니냐 '타임 이스 머니'니까 따지고 보면은. 좀 그런 부분에 생각을 많이 했었어요. '왜 그런 공부를 안 시키지?' 나오니까 동사무소에서 뭐 떼어 오라니까 못 떼는 거야, 심부름을 못 해요. 좀 그런 걸 좀 가르쳐줬으면 하는 바람이었는데, 저희도 그런 걸 못 배웠으니까 아쉬운 거죠.

면담자   그럼 혹시 최근 들어서 ○○한테 너는 이렇게 살았으면 좋겠다라고 새롭게 좀 얘기하신 부분들이 있을까요?

윤희 아빠   없습니다. "하고 싶은 대로 살아라".

면담자   그거는 어릴 때부터 얘기해 오신 건가요?

윤희 아빠　　　어릴 때… 부터는, 초등학교 때는 뭐 좀, '뭐 좀 해봤으면 좋겠는데' 했는데 중학교 때부터는 전혀. 그리고 또 언니 이렇게 되고 난 뒤부터는 "네 삶은 네 거니까 네가 알아서 하라"고, "힘들고 어려울 때는 엄마한테 상의하든가 아빠한테 물어보든가" [하라고 했지요]. 근데 지금 그래서 내가 아쉬웠던 부분이 뭐냐 하면 경제, 말 그대로 보통 부모들이 시집가면 집이라도 하나 사주고 싶고 그러잖아요. 부동산 계약서를 쓴다든가 뭘 한다든가 요즘은 보이스피싱 금방 당해요. 순간이에요, 순간. 안 당할 거 같아도 다 당해요, 다. 그런 부분이라든가 그래서 경제를 가르치고 싶은 거예요. 또, 점점 발달해 가니까, '그런 부분이 좀 많이 좀 취약하다'고 많이 생각을 해요.

　　물론 뭐 저는 이제 경제적인 관념에서는 집사람한테 다, 모든 걸 다…. (면담자 : 맡기셨어요?) 저는 아무것도 없어요. 집사람이 주는 카드 갖고 다니고 쓰고 합니다, 예를 들어서. 오히려 그게 더 편하고. 그리고 딸이 이렇게 되어가지고 보상을 받았다고 그래서, 그 자체도 저하고는 전혀 관계가 없어요, 다. 집사람, 이 사람한테 다 "당신이 알아서 하세요" 나는 뭐 그런 거에 관심도 없고. 내가 이제 아파 가지고 좀 일도 않고 있다 보니까, 원래는 이게 수술 안 했으면 벌써 제주도 들어가 있을 거예요. (면담자 : 제주도로 이사 갈 계획이셨어요?) 아니요, 저 혼자 제주도 가서 좀 살아보려고 그랬어요. 후배가 거기 있어서, 방도 있고 그러니까 거기 얹혀갖고 있으면서, 거기 가서 그냥 쉽게 생각하면 일용직 품팔이라도 해가면서라도 살고 싶었어요. 어차피 들어가긴 들어가는데, 잠깐 들어갈지 어떤지 모르겠지만 갔다 오기는 갔다 올 거예요. 지금 내가, 지금까지 배웠던 내가 그 기술을 더 이상 써먹고 싶지 않아가지고….

면담자　　　이유가 있으신 건가요?

윤희 아빠　　　많이 지쳤죠. 사람들한테도, 이 중간에 중간관리자에서 상위관리자 올라가면은 돈하고 항상 연결이 돼요. 그러다 보니까 발주도 주고, 발주를 주면은 거의 이제 아는 사람들한테 도와주게 되어 있잖아요. 그러면 결재를 잘 해줘야 되는데, 마지막 나오면서도 해결을 다 못 해주고 나와가지고 좀 미안하기도 하고. 그래 가지고 '아휴 두 번 다시 이제 여기다 발을 딛지 말자', 이제는 내가 그거 아니라도, 그 계통으로 가면 아직도 이제 뭐 돈은 더 많이 받고 다닐 수 있겠지만, '돈 욕심 부릴 게 아니라 나 하고 싶은 것도 한번 해보자' 그런 생각으로 정리한 거죠.

면담자　　　제주도에서 하고 싶은 게 따로 있으신가요?

윤희 아빠　　　그냥 아무 일이나. 내 앞에 일만 있다면은 좋겠어요. 나가서 하루를 일을 하는 데는 지금 귤 농장 가서 일을 하더라도, 일만 꾸준히 할 수 있으면은 한 5일 하고 이틀 쉬어도 상관없고 일주일 하고 일주일 쉬어도 상관없으니까. 그냥 잠시 거기 있으면서, 정리 좀 해가면서 마음 좀 붙였으면 하는 그런 바람. 그리고 정말 내가 기회가 된다면은 조그마한 아담한 시골집 하나 사가지고, 내 손으로 개조해서 다 촛불 때 고생했던, 나를 아는 모든 지인들이 아무 때나 오면은 소주 한잔, 막걸리 한잔 대접할 수 있는 그런 자리? 거기다가 뭐 '촛불카페'라고 해야 되나 아니면은 '촛불광장'이라고 해야 되나…, 이런 식으로 이름 하나 탁 지어놓고 아무나 와서 편히, 와서 그냥 소주 한잔하고, 죽기 전까지 같이 대화라도 좀 하고 좀 살 수 있는 그런 좀 한 번 정도는…. 하나의 드림이에요, 꿈이에요 그건.

면담자　　　아버님은 참사 이후에 사람들을 통해서 위로를 많이 받으셨나 보네요? (윤희 아빠 : 아니에요) 그렇지는 않나요?

윤희 아빠　　　그 위로받은 거는 물론 주위에서 많은 친구들, 그 친구들 때문에 위로도 가장 많이 받았지, 따지고 보면은 상처도 받았지만. 그러고 보면은 활동하는 엄마들, 활동하는 후배들, 그 사람들이 위로가 제일 많이 됐지. '저 사람들은 저렇게 하고 있는데 나는 뭐 하고 있나' 이런 생각도, 반성도 많이 해봤고…, 부끄러울, 부끄러울 때가 많았었어요. '같이 저렇게, 나도 저 자리에 있어야 되는데' 그런 생각 진짜 많이 했어요.

면담자　　　그래서 카페라는 공간을 통해서 그분들한테 보답을 하고 싶으신 건가요?

윤희 아빠　　　보답이 아니라 그냥 베풀고 싶었어요, 솔직히. 지금도 이렇게 보면은, 지금도 진짜 누구한테라도, 우리 활동하는 사람들 만나면은 밥이라도 한 끼 사주고 싶은 마음이지, 항상. 항상 먼저 사주고 싶은 사람이지 항상 먼저 얻어먹어야겠다는 그런 사람은 아니니까.

면담자　　　요즘 ○○랑 윤희에 대해 대화 나누신 적 있으세요?

윤희 아빠　　　없습니다. 아예 얘기 안 합니다. 저도 언니 사진 거기 있으니까 볼 거 아닙니까, 이렇게. 그러면 지가 한번 정도 이야기할 때면 모를까, 본인이 이야기하지 않는 한 이야기 안 해요. 왜냐면은 언니가 그렇게 되면서 어른이 되어버렸으니까. 얘기 잘 안 해요.

면담자 　　　○○가 좀 성격이 많이 바뀌었어요?

윤희 아빠 　　　성격이, 굉장히 활발했던 성격인데 활발함이 조금 떨어졌어요. 조금 굉장히, 내가 봤을 때 아빠 닮았으면 진짜 막 활발해야 되고, 앞에 리더가 돼야 되고, 추진력 있어야 되는데, 잘할 줄 알았더니 학교도 본인이 그만둔다고 해버리고. 사람이 싫은 거 같아. 그리고 고등학교 때 또, 졸업하기 전에 애들한테 상처를 많이 받았어. 우리 ○○가 이제 대상이 아니고 금상을 탔는데, 친구들이 "쟤가 왜 금상이야?", 심사위원들이 준 건데 애들이 이제 자꾸 그래 버리니까 우리 친구들 싹 떼어버린 거 같아. 친구들 안 만나는 거 같아 내가 봐서.

　　가끔 중학교 친구들 만나고 그러는 거 같던데…. 내가 항상 친구들도 집에 데리고 오라고 그러거든요. "집에 데리고 와 놀아. 와서 같이 자도 상관[없어]", 나는 "엄마, 누구랑 같이 자도 돼?" 그러면은 나는 항상 "같이 와서 자도 돼" [해요]. [물론] 제가 이제 모든 걸 저기하는 게 아니기 때문에, 집사람이 하고 있기 때문에 [집사람의 의견을 따르지만요]. 제가 이제 결혼하신 분들한테는, 젊은 분들한테 가끔 얘기하고 싶은 게 뭐냐면은 안방을 애들한테 내주라는 거예요. "제일 큰방을 애들 방으로 줘라. 친구들도 같이 와서 놀 수 있게끔 내주고 그 대신 가장 작은 방을 부부방으로 써라. 그래야 서로 많이 붙어 있는다". 애들은 활동적이잖아요.

친구들도 데리고 오고 싶은데 쪼그만 방에 있으면은 아빠, 엄마 안방에 있으니까, 쪼그만 방에서 안 나와요. 얼마나 답답하겠어요, 쪼그만 방에서. 그럼 엄마, 아빠 방은 아파트라도 화장실도 딸려 있고 지들 마음대로 써도 되고. 그래서 "될 수 있으면은 안방을 내줘라", 그리고 나는, 부부는 쪼그만 방에 가 있어도 되고, 쪼그만 방에 책장이나 놓고 꽂아놓고 있는 책도 볼 수 있는 거고, TV도 쪼그만한 거 TV도 볼 수 있고, 아니면 오디오로 블루투스 스피커를 갖다 놨더라도 노래도 같이 들을 수 있는 거고…. 애정이 더 생길 수가 있다는 얘기지. "거실에 TV는 없애라".

면담자　　　이사하시면서 윤희 방도 새로 만들어주고 하셨잖아요? (윤희 아빠 : 그렇죠) 윤희 방이 제일 큰 방이에요? (윤희 아빠 : 제일 작아요) 아, 그래요?

윤희 아빠　　　즈그 엄마가 만들어줬기 때문에, 뭐 다 해가지고 다 해놓고 난 다음에 "이사 갑니다" 그랬으니까, 엄마가.

면담자　　　이사 준비를 어머님이 혼자 하셨어요?

윤희 아빠　　　다 해가지고, 다 해가지고 올라왔길래 이제 나는 정리 좀 옆에서 도와준 것뿐이지. 지금은 오히려 내가 정리를 많이 하는 편이지만, 집사람이 바쁘니까 제가 많이 해요. 해놓고 욕 많이 먹는 편이에요, 내 기준으로 놓아버리니까. ○○ 방도 좀 아쉽기는 아쉬워요, 솔직히. 제가 했었다면 그렇게 했었다는 얘기죠. 제 얘기가 틀린 얘기는 아니에요. 애들 그만큼 컸으면은 안방을 내줘야 되는 게 100프로 맞았었는데, 그거는 못 했다는 게 좀…. 집사람이 다 해놨던데 뭐, 전부 다. 여기는 ○○ 방이라고 다 꾸며놓고, 이건 윤희 방이라고, 윤희 방이라고 해봐야 책상 하나 딸랑 있었고, 안방이라고 뭐 침대하고 붙박이장 다 해놓고, 내가 가서 뭐라고 할 얘기가 없더라고. 그래서 아무 소리 않고 따라갔네요.

면담자 　　　아버님은 윤희 방에 자주 들어가시나요?

윤희 아빠 　　　가끔 집사람이 이제 이렇게 샤워한다고 들어가서 안 나오면은, 한 한두 시간 안 나오면 울거든요. 많이 느끼지, 이제. 알고 있죠. 그럼 나도 이제… 뭐 집사람도 밖에 나갔다가 딸도 알바 가고 그러면 저녁에 딸 12시에나 들어오고, 집사람도 뭐 저녁 먹고 9시에 들어오고. 가끔 혼자 또, 요즘 정리하다가 뭐 딱 나오면은 이제, 쳐다보고 하다 보면 혼자 울 때가 많죠, 저도. 남자는 가슴으로 운다고 그러지만 아무도 없을 때는 혼자 울어요. 그냥 떨어지는 건 어쩔 수 없어, 뚝 뚝 뚝 뚝 떨어지니까. 평생 가요, 평생.

면담자 　　　○○는 언니 방에 좀 가는 편이에요?

윤희 아빠 　　　잘 안 들어가요, 나 없을 때는 모르겠지만. 엄마, 아빠 없을 때는 잘… 이렇게 보고는 가는데 잘 들어가지는 않아요.

면담자 　　　티를 많이 안 내는 편인가 봐요?

윤희 아빠 　　　그래서 내가 성격이 바뀌었다는 거예요. 성격이 좀 어른이 되어버렸어. 고양이 한 마리, 콩이 있으니까 콩이가…, 개한테 위안을 삼는 거 같기도 하고.

면담자 　　　콩이는 나이가 좀 됐는데 건강해요?

윤희 아빠	네, 아직까지는. 나만 안 괴롭히면 되는데, 내가.

10
추모공원과 세월호의 사회적 의미에 대한 바람

면담자 　2019년 들어 최근 가장 큰 문제가 CCTV 그 DVR 문제가 있잖아요, 그거에 대해서 아버님은 어떻게 생각하고 계신가요?

윤희 아빠 　지난번에 그 해군 그거 뭐 "조작을 했네 어쩌네" 그런 부분에 대해서요?

면담자 　네, 그 소식 들으셨을 때 좀 어떠셨어요?

윤희 아빠 　처음부터 당연히 그랬으리라고는 생각은 많이 했었어요, '모든 게 아마 그랬을 것이다'. 왜냐면 '정권이 바뀌기 전이고, 조작이 됐을 가능성도 많다', 역사, 대한민국 역사적으로 봐도 그런 경우들이 많이 있었으니까. '나올 게 이제 하나씩 나오기 시작하는구나', 그게 이제 정확하게 어떻게 나올지는 모르겠지만, 마지막에 판단은 또 사법부에서 하겠지만, '그보다 더 많지 않겠느냐' 생각도 많이 해요. 실제 핸드폰들은 나왔을 거 같은데도, 핸드폰들 나왔을 거 같아, 다. 근데도 나도 못 받은 거 같은데 우리 딸 거. 근데 그 안에 있던 사람들은 핸드폰은 다 나왔을 거 같아요. 근데 나도 못 받았어요.

면담자 　캐리어도 거기서 찾아서 그냥 보관하고 있다가 나중에 알게 되셨죠?

윤희 아빠　　　캐리어에 짐이 하나도 없었어요. 캐리어 찾아가지고 집사람이 얼마나 울었는가…. 나는 몰랐어, 캐리어 찾은지도 몰랐어. 그때 갔더니 "형수 울고불고 난리 났다" 그래서 왜 그러냐니 "가방 찾았다"고 하더라고. 집에 오니까 가방 떡하니 있더라고. 눈물은 나대요. 근데 아무것도 없어 가지고…. 사실상 목포 유실물 있을 때도 가봤어야 되는데 안 가봤어요. 다 올라오니까 다 보고 했어야 되는데, 지들끼리 또 옷을 바꿔 입어가지고 또 그런 것도 있고 참….

면담자　　　얼마 전에 광화문에서 천막이 철거됐잖아요. 아버님 심정은 좀 어떠셨나요?

윤희 아빠　　　저는 이제 협의회 하고, 나는 우리 가협이 대표니까, 가협하고 어느 정도의 서로 말 그대로 얘기를 해가지고, 서로 타결이 돼가지고 하는 거는 적극적인 찬성이에요. 강제로 철거하고 이런 거는 그게 싫은 거지. 서로가 대화가 돼가지고, 얘기가 돼서 차후 다른 쪽에 해서 한다는 거 자체에 굉장히 좀, 그렇게 되면은 좋은 건데 강제 철거 이런 거는 좀 아니라는 생각이 많이 들어가지고, 그거만 아니면은 나는 가협에서, 4·16[세월호참사가족]협의회에서 한 거, 결정 난 거에 대해서는 따라줘야지 무조건 반대해서는 안 된다고 생각하거든요. 그런 쪽에서 좀….

면담자　　　가협이 하는 방향에 대해 적극 지지하시는 거네요?

윤희 아빠　　　옛날에는 반대도 많이 했죠. 근데 나가지도 않으면서 반대해 봐야 아무 의미가 없어요. 그럴 바에야, 여러 사람들이 많이 모여가지고 결정지은 거에 대해서는 내가 설혹 반론이 있다고 해가지고 가협 우리 밴드에다가 내가 올린다는 것도 잘못된 거고, 따라 줘야 되는 거고…. 한 번 정도는 가서, 궁금하면은 가서 물어보면 되는 거니까.

면담자 　　추모공원을 조성하려고 준비 중인데, 그게 만들어졌을 때 사람들한테 어떤 의미가 되길 바라시는지요?

윤희 아빠 　　'9·11 정도는 되자', 돼야 되지 않을까요? 솔직히 많은 사람들이 두 번 다시 이런 일이 일어나지 말아야 되고…. 제가 옛날에 했던 얘기가, 어떻게 들릴지는 모르겠지만, 우리 엄마들한테 내가 그 얘기했다가 혼났는데, 단원고등학교 내가 폐쇄하자 그랬어요. 단원고등학교를 학생을 다른 데로 다 분산시키고 거기를, 국민안전처를 거기다 만들자고 그랬어요. 그러면은 안산시 쪽으로도 행정부처가 하나 들어오는 거고, 그다음에 단원고등학교 그 옆에 보면은 부지가 좀 있어요. 거기를 기점으로 추모공원을 짓든, 일단 국민안전처가 그리 왔으면 했었고, 그런 생각도 했다가 나중에는 "화랑유원지에다 해야 된다" 난 그랬어요. 아마 화랑유원지로 하자고 했던 얘기도 내가 아마, 다른 사람도 그런 생각 갖고 있었지만 나는 내 입에서 내가 먼저 뱉어냈어.

면담자 　　특별히 화랑유원지여야 하는 이유가 있나요?

윤희 아빠 　　화랑유원지가 그래도 안산시의 상징성도 있고, 트레이드마크도 될 수도 있고, 또 어떻게 보면은 시의 모든 중심이 될 수 있는 부분도 되고, 근데 이런 자리에다가 딱 하니 6·25 참전용사 수훈탑 이런 식으로 만들어서는 안 되겠지만 정말 세계적인 트레이드

마크로 만들 수 있지 않느냐. "단원고는 무조건 폐교시키고 거기다 국민안전처 행정부서 하나 와야 되고, 거기에 했어야 되고" 하다가 나중에는 이제 화랑유원지로 돌린 거지. '화랑유원지가 제일 좋다. 이왕이면 잘 만들어서 시의 관광적인 자원도 될 수 있지만, 거기다 가 우리 애들만 가야 되겠니' 생각도 했었어요. 그러면 단원고 폐교 를 시키면, 국민안전처를 거기다 놓으면은, 경주마우나오션리조트 거기 무너져 가지고 대학생들 워크숍 갔다가 다친 애들, 씨랜드[청소 년수련원 화재 참사 피해자들] 이런 애들까지 다 거기 와야 된다 생각 했어.

하물며 나중 일이지만 우리 애들 그 가습기[살균제] 사건, 대구 지 하철, 삼풍[백화점 붕괴 사고] 이런 거까지 한군데 싹 모아야 된다고 생각했기 때문에, 그쪽으로 좀 생각을 많이 했었어요. 내가 그때는 너무 빨리 나갔지. 빨리 나가다 보니까 이제 엄마들한테 "무슨 학교 를 폐쇄시키냐"고 욕도 지지리 먹었지만 나는 내가 좀 많이 앞섰다 고 봤어요. 그리고 난… 같이 와도 좋다고는 생각을 했어요. 일단 은 세월호 참사가 가장 주축이 돼야 되겠지만 그 밑에 전시관 쪽에 는, 어떻게 지을지는 모르겠지만 전시관 쪽에는 옛날 참사부터 해가 지고 삭… 하물며 배, 서해페리[호 침몰 사고]부터 해가지고 모든 배, 대형사고 났던 것들도 쫙 해야 되지 않겠냐.

면담자　　　그 생각은 그럼에도 아직 갖고 계시는 거죠?

윤희 아빠　　같이했으면 좋겠죠, 더. 왜냐면은 굳이 편 가를 이유 는 없다는 논리니까. 그 대신 우리 애들이 주축이 돼야 되겠죠, 우리 애가. 전시관 만들어도 된다는 생각 많이 하고 있어요, 제 생각만. 다른 거 또 [질문 있어요]?

면담자   네, 진상 규명이 된다면 그다음에 아버님의 삶은 어떻게 달라질까요?

윤희 아빠   한 번⋯ 쉽게 생각하면 한 번 잘못된 삶요, 한 번 지나간 삶은 다시 돌아오진 않아요. 크게 달라질 것도 사실상 없어요. 단지 내 마음에 응어리가 이만큼 있던 게 요만큼 빠져나갔던 것뿐이지. 그리고 다른 사람들한테 이렇게 돼서 이렇게 됐다는 거를, 진실을 밝혔다는 거, 진실을 알아줬으면 하는 마음이지. 근데 다 알아주겠냐는 얘기지. 일단 우리는 알 것이고, 또 우리를 위해서 열심히 노력하시고 이걸 위해서 많은 도움을 주셨던 분들도 참 알아주실 것이고. 태극기 들고 왔다 갔다 하시는 분들이 알아줬으면 좋겠는데 그렇게는 안 될 거 같고. 그래서 크게 바라지는 않는 거고, 그냥 삶이 바뀔 시간도 없어, 이제는. 왜냐면은 자꾸 몸도 아프고 하다 보니까 갈 날이 얼마 안 남았다 보니까 바뀔 시간도 없고. 그냥 그래도 우리 딸들 억울한 심정은 좀 확실하게 좀 풀어줬으면 하는 바람. 그리고 다 끝나버렸으니까 그러는데, 진짜 모든 진실이 다 끝났을 때 일반인들이랑 같이 똘똘 뭉쳐가지고 진짜 마지막 합동영결식을 했어야 되는데, 이미 해버렸다는 거 때문에 가슴이 좀 아파서 그러는데⋯. 좀 그런 부분.

　그렇다고 해서 뭐 이제 4주기 지났고 5주기, 6주기, 7주기, 10주기 이렇게 하다 보면은, 그 재판이 끝나고 나면은 그때도 뭐 당연히 어떠한, 하기는 하겠죠. 하기야 하겠지만 지나가는 시간은 되돌릴 수 없는 거고, 한번 가버린 내 새끼는 내가 잡을 수도 없는 거고…. 그러면 내가 "다음 생에서 제발 내 딸로 태어나 달라, 태어나면은 아빠가 더 잘해줄게" 말은 그러지만은 '절대 우리는 다시 못 태어난다'라고 생각해요]. 나도 윤회를 믿고 하지만은, 글쎄요, 그럴 일은 없겠죠? 그 유명하신 분들도 다 돌아가시는데, 우리나라가 뭐 장수할 수는 없는 거고…. 그냥 있는 삶에 만족하고, 또 있는 내 식구들 또 주위에 좋은 사람들 있으면은 같이 그냥 얘기하고, 막걸리 한잔 먹고 같이 밥 먹고…. 그런 게 뭐 행복 아니겠습니까? 그 이상은 바라는 것도 없고, 다들 그냥 건강했으면 쓰겠어요, 솔직히. 다들 건강했으면 하는 바람이고….

면담자   최근에 윤희한테 다녀오셨을 때 윤희한테 해주신 말씀이 있으신가요?

윤희 아빠   항상 똑같은 얘기, "보고 싶은데 늦게 와서 미안하다"고, 항상 똑같은 얘기. 항상 걸리는 얘기, '과연 내가 그때 수학여행 가기 싫다 할 때 가서 내 새끼만 데리고 왔으면 과연 나는 어땠을까? 그러면 얘가 정상적으로 지금 생활하고 있었을까?' 참 그런 생각도 많이 해봤어요. 그 여린 마음에 평생 동안 아마 집에서 안 나가고, 밖에도 안 나갈 수도 있어. 그래서 내가 어떻게 생각하면은 또, 참 한편으로 '친구들하고 수학여행, 아직도 가고 있는 수학여행이지만 잘 갔다'는 생각도 하고…. 그것도 두려웠어, 내가 가서 데리고 왔을 때, 너무나 두려웠어, 생각할 때마다. 그나마 지금 생존 학생, 생존

학생 이렇게 애들도 걔들 마음속에 응어리가 평생 갈 거야, 평생. 그 마음을 알아요, 내가. 알 거 같아. 남들은 뭐 "걔들 자기들끼리 웃고 놀고 뭐 그런다"고 그러는데 그 나이에 웃고 놀지, 그러면 나이 60 넘어서 웃고 놀겠습니까? 웃으려면 힘도 없어. 그걸 또 일베들이나 막… (한숨 쉬며) 사람 사는 데는 여러 가지가 있으니까. 그래도 아이에스 [IS] 분자들이 없다는 게 다행이죠, 있었으면 벌써 폭탄 던지고 때려 죽였을 거 같은데. 그거예요, 그냥 뭐 좀 그래요, 솔직히.

면담자 　 앞으로 세월호를 사회적으로 기억할 텐데 세월호가 이 사회에 어떤 의미가 되길 바라시나요?

윤희 아빠 　 글쎄, 어떠한 일이 일어나면 똑같은 대답을 해요, 정부나 그 재난을 당한 사람이나. "두 번 다시 이런 일들이 벌어지지 않았으면 좋겠다" 그런 얘기를 참 많이 해요. 근데 세상은 그런 일이 안 벌어질 수가 없습니다. 철저하게 준비가 되고, 교육이 되고 자꾸 반복되는 훈련이 필요한 거지. 천재지변 아니잖아요, 이건. 당연히 배라는 거는 만들면은 평형수를 채우게 되어 있어요. 유조선이 갔다가 기름을 푸면은 물을 집어넣게 돼 있다고. 근데 그런 기본적인 거를 안 지켰기 때문에 이러한 문제가 발생한 거고, 안개가 끼어 있는 상태에 출항을 했기 때문에 이런 문제가 발생을 한 거고. 그리고 배 운전하는 사람들이 안전 수칙을 안 지키고 술 한잔 먹고 있었던 것도 문제가 있는 거고, 지들만 살겠다고 도망 나온 것도 문제가 있는 거고…. 모든 게 기본이 안 돼서 그런 거잖아요, 기본이…. 뭐라고 정의를 내리기가 참 그런데, 똑같은 얘기, 정부하고, 정부나 나나 똑같은 얘기하는 거니까 따지고 보면. "두 번 다시 이런 일이 일어나지 말아야 돼".

근데 포항 지진부터 해가지고 지금 우리나라 지진 일어나면 무너질 데가 많단 얘기예요. 그럼 아마 도미노 현상이 나타날 거 같아, 아파트 같은 경우도. 철저하게 준비된 교육에, 반복된 훈련에 그런 효과로서 이만한 재난이 터졌을 때 최소한의 희생, 아니면 전혀 없는 희생을 만들 수 있는 그런 계기가 좀 됐으면 하는 바람이에요, 솔직히. 내가 이번 일 겪으면서 많이 생각해 봤거든요.

광주 5·18 때는 내가 고등학교 때예요. (면담자 : 그렇겠네요) 저는 전북 고창이니까 이 산 800고지를 하나 넘어가면 장성, 광주예요, 30분 거리야. 근데 우리 친구네 집 가서 놀고 있는데 친구 형이 전남대 정치외교학과를 다니고 있었어, 그때. 이분이 나중에 국회의원 보좌관도 하시고 하는 분인데, 이 형님이 5·18 하고 난 뒤에, 하여간 새벽까지 놀고 있는데 이 형님이 들어왔어. 오니까 옷이고 뭣이고 다 찢어져 가지고 들어왔는데, "야, 니들 다 나가" 그러더라고, 우리 친구하고 같이 있던 방이니까. 그러고 나왔지, 나와가지고 이제 우리는 집으로 다 가고. 그때도 몰랐어요, 친구 놈도 얘기 안 해주고, 형이 얘기 안 해줬으니까. 나중에 이제 5·18 그게 터지고 난 뒤에 느낀 게 뭐냐면은 '이 형이, 이 형이 그때 이래서 산 넘어왔구나' 나중에 알게 된 거예요. 산을 타고 넘어가다 보니 다 찢어지고 막 긁히고 해서 온 거야. 그것도 정치외교학과야, 또. 그러니까 100프로 그냥 이건, 이 사람 100프로지. 무조건 붙잡혔다 하면 가서 뚜드려 맞든가 죽는 사람이니까. 그때 알았어요.

윤희 아빠 진광영

대구 지하철 [화재] 참사 같은 것도 생각해 보면은 그 안에서 사람들이 얼마나 답답했겠냐고. 그 안에 있어보지 않은 사람은 모르잖아요. 아까 내가 우리 딸들 이만큼 찼을 때 싫었다는 게 뭐냐면은, 연기가 이만큼 올라오는 것도 나는 싫어. 참 그런 거 생각, 나한테도 어떤 게 이제 하나의, 하나의 트라우마가 되어가는 거야. 그런 일이 일어나지 않게끔 어렸을 때부터 애들 교육도 좀 시키고, 공직 기강도 확실히 좀 세우고 했으면은 하는 바람. 그날도 이야기했잖아요. 특수부대도 많은데 헬기 태워다가 막 집어넣었으면은 (한숨 쉬며) 거의, 거의 다 살렸을 거 같아, 달아매고 끌어 올리고 막 했으면은….

어떻게 그냥 계속 쳐다만 보다가 꼴까닥 들어가 가지고, 그나마 선수 좀 나와 있던 거, 하도 우리 가족들이, 나도 그 앞에 있었으니까 "에어포켓 있을지 모르니까 공기라도 주입해라" [하니까] "뚫어가지고 에어포켓 공기 주입한다"고 하다가 콤프레서 고장 나가지고, 콤프레서 고장 났는데 서해[지방해경]청장이 최 누군가인데[김수현], 내가 그 뒤에 있었거든. 핸드폰에 탁 "에어포켓 에어 주입하다가 콤프레서가 고장", 딱 핸드폰 뒤에 딱 떴어. 떴는데 이 자식이 발표를 안 하는 거예요. 1시간 정도 지나니까 그때서야 발표를 하는 거야. 뒤에서 다 봤는데, 화가 나더라고. 다시 주입하다가 배가, 선수가 쏙 들어가 버렸어.

쉽게 생각하면 우리 같은 경우는 삼호중공업에 내가 크레인 갖다가 끌어다 잡고 그냥 질질질질 끌고 나갔으면 했는데…, 과감히게 결정을 내릴 수 있는 사람이 없었다는 거지, 누구 하나. 가족들 만나면 다 똑같은 얘기야. 거기다 용접해 가지고 때워서, 코 걸어서 크레인 걸어서 질질질 끌고 나가면은 밑에 걸릴 게 없어, 뻘이니까. 배가 물살이 세지 않는, 말 그대로 물살이 조금 덜 센 데로 나올 수가 있었어, 잠수부들도 그 얘기했으니까. 그러면 그 과정에서 유실은 돼요. 근데 그 유실이 되면은, 빨리만 대응하면은 그 안에 유실된 거 다 올라와서 다 찾을 수가 있었단 말이에요.

면담자　　　그게 아버님의 마음에 걸리는 부분 중에 하나인 거죠?

윤희 아빠　　그것도 화성에서 오신 분이 또 엄청난 아이디어도 막 내고 그랬었어요. 여러 사람들이 와서 아이디어 많이 냈는데 시도도 못 해봤어요. 그 사람도 자기 돈, 내가 자비라도 들여갖고 만들겠다고 하는 사람도 있었고 막 그랬었어요. 엄청나게 도와주려고 왔던 사람들도 많고, 다이빙 벨 얘기도 어떤 나이 드신 할아버지가 오셔가지고 다이빙 벨 얘기도 하고 막 그랬었다고. 이종인 씨 와가지고 다이빙 벨 들어가는데도 말도 많고 탈도 많고 그랬었으니까. 일단은 이종인 씨는 찍힌 사람이잖아. 다이빙 벨 들어가 가지고, 다이빙 벨이 들어가면 잠수를 많이 해요, 그 안에서. 서너 시간씩 할 수 있어요. 근데 그것도 또, 가족들도 또 "이쪽부터 해달라, 저쪽부터 해달라" 많이 이야기가 많았었으니까. 뭔 일이 터지면은 다 그렇게 되게 되어 있어요, 절대 차분할 수도 없는 거고. 두 번 다시 이런 일은 벌어지지 말아야죠.

면담자　　　그렇죠. 이제 많은 것들을 여쭤보고 얘기를 나눴는데요, 아직 못다 한 말씀이 있으시면 남겨주세요.

윤희 아빠　　글쎄요, 뭘 남겨야 될지는 모르겠네. 뭐 어차피 나는 남길 거는 남겼어요. 음… 하여간 어쨌든 간에 내 자식 때문에 부모라는 이름이 올라갈 것이고, 내가 죽어서도 남기기 싫었던 내 이름이 올라간 거니까. 피해자 부모라 해서… 그거 뭐 어떻게 하고 싶은 뭐, 참 뭔 얘기를 해야 되냐. 그냥 내 대에서 끝내야지. 두 번 다시 이런 일은 없어야 되는 거고, 우리 여기서까지만 끝냈으면 하는 바람. 그냥 못난, 자식 책임지지 못한 부모라고 이름 올라간 것 자체까지…. 두 번 다시 이런 일이 없었으면 쓰겠네요, 다들.

면담자　　　이제 어제와 오늘에 이어서 살아오신 생애와 참사 이후의 삶, 그리고 앞으로의 전망까지 여쭤봤습니다. 오늘로써 구술은 다 마쳤고요. 어려운 얘기들이고 가슴이 아픈 얘기들인데도 말씀해 주셔서 감사드립니다. 이 구술증언 작업이 앞으로 책으로 나옴으로써, 진실 규명과 안전 사회 건설을 하는 데 이바지할 거라고 믿고 있습니다. 오늘 또 긴 시간 말씀하시느라 고생하셨습니다.

윤희 아빠　　　아니요. 그보다 좀 세세하게 하고 싶은 얘기는 더 많았었는데 그것까지 하면은 더 그럴 것 같아서 그냥 눈에 보이는 가닥만 얘기했던 거예요. 아직도 할 얘기는 많지. 근데 가장 그게 눈에 보이는 얘기였고, 가장 큰 거였고. 못 한 게 많아 가지고… 여기까지예요, 고생하셨어요.

면담자　　　수고하셨습니다.

윤희 아빠　　　얘기 들어주는 게 제일 힘든 겁니다.

면담자　　　아닙니다, 고생하셨습니다.

4·16구술증언록 단원고 2학년 9반 제8권

그날을 말하다 윤희 아빠 진광영

ⓒ 4·16기억저장소, 2020

기획 편집 4·16기억저장소 | **지원 협조** (사)4·16세월호참사가족협의회
펴낸이 김종수 | **펴낸곳** 한울엠플러스(주)
초판 1쇄 인쇄 2020년 4월 1일 | **초판 1쇄 발행** 2020년 4월 16일
주소 10881 경기도 파주시 광인사길 153 한울시소빌딩 3층
전화 031-955-0655 | **팩스** 031-955-0656 | **홈페이지** www.hanulmplus.kr
등록번호 제406-2015-000143호

Printed in Korea.
ISBN 978-89-460-6784-4 04300
        978-89-460-6801-8 (세트)
* 책값은 겉표지에 표시되어 있습니다.